JN302648

[グッド ライティング]

Good Writingへのパスポート

読み手と構成を意識した日本語ライティング

田中真理／阿部 新
[著]

くろしお出版

目次　Contents

はしがき：Good writing とは何でしょうか？ ……………………… 5
本書をお使いになる先生方へ ……………………………………… 7
この本で勉強すること ……………………………………………… 10

PART I
イントロダクション：Good writing を目指そう　11

Lesson 1	Good writing に必要なこと ……………………	*12*
Lesson 2	文章の種類と目的 ………………………………	*21*
Lesson 3	文章の構成 ………………………………………	*26*

PART II
パラグラフ・ライティング：文章の種類と構成を意識しよう　37

Lesson 1	ナラティブ ………………………………………	*38*
Lesson 1-1	客観的報告のナラティブ ………………………	*39*
Lesson 1-2	自分について語るナラティブ …………………	*43*
Lesson 2	描写 ………………………………………………	*50*
Lesson 2-1	客観的描写 ………………………………………	*52*
Lesson 2-2	心情を重ねた情景描写 …………………………	*58*
Lesson 3	説明 ………………………………………………	*61*
Lesson 3-1	手順・過程 ………………………………………	*61*
Lesson 3-2	定義 ………………………………………………	*70*
Lesson 3-3	分類・例示 ………………………………………	*80*
Lesson 3-4	比較・対照 ………………………………………	*91*
Lesson 3-5	原因・結果 ………………………………………	*101*
Lesson 4	論証 ………………………………………………	*115*

PART III
ミックス・モードのパラグラフ・ライティング：リサーチして書いてみよう　　125

- **Lesson 1**　リサーチペーパーとは ……………………………………… 126
- **Lesson 2**　発想法 ………………………………………………………… 129
- **Lesson 3**　情報収集 ……………………………………………………… 134
- **Lesson 4**　アウトラインから執筆へ …………………………………… 142
- **Lesson 5**　執筆・推敲から完成へ ……………………………………… 151
- **Lesson 6**　実際の執筆 …………………………………………………… 159
　　　　　　　ワークシート ………………………………………………… 160

PART IV
資料　　167

- プロンプトの一覧表 ……………………………………………………… 168
- **Good writing** のための評価基準：トレイト別・基準説明 …………… 172
- チェックリスト読み手用 ………………………………………………… 174
- チェックリスト書き手用 ………………………………………………… 176

- 引用・参考文献 …………………………………………………………… 179
- あとがき …………………………………………………………………… 182
- 見出し一覧 ………………………………………………………………… 184

- Good writing の構成要素 ………………………………………………… 巻末
- Good writing のための評価基準：トレイト別・基準説明 …………… 巻末

はしがき：Good writing とは何でしょうか？

　筆者の一人，田中は 2006 年まで大学で留学生に日本語を教えていました。国立大学に入学するためには，留学生は日本留学試験という試験を受けなければなりません。試験には「記述問題」があって，当時は 400 字の小論文を 20 分で書かなければなりませんでした。したがって，留学生たちは 20 分で書けるように，形式（「序論・本論・結論」などの構成や「まず・次に・最後に」「確かに〜（だ）が，しかし」などの表現）を覚えて，大特訓をしていたようです。その結果，大学へ入学してきた留学生たちが書く小論文は，形式はきちんとしていましたが，画一的でオリジナリティが発揮されていないような印象を受けました。

　その後，教える対象は日本人大学生に変わりました。日本人学生の書くものはどうでしょうか。限られた経験での印象ですが，アイディアがあっても，形式が伴わないのです。段落（形式的段落）が全くないものも少なくありません。構成も，序論がなくて，本論と結論のみというものもあります。アイディアはあるようですが，どうやら思いつくまま書いたという感じです。試しに，小論文を書いたときのメモを見せてもらうと，メモを書いた人のほうが少なく，そのメモも箇条書き程度で，これから書く小論文のアウトラインを作ったりマッピング*1で情報を整理したりした人は一人もいませんでした。その結果，たとえ形式的な段落があっても，段落内の中身が整理されておらず，何が言いたいのか分かりにくいものもありました。それは，つまり「読み手」が意識されていない文章だと言えるのではないでしょうか。「読み手」を意識して書いたかどうか学生にアンケートをとったところ，意識していなかったという人が大半で，意識して書いたという人の中にも「読み手」は「先生」という回答がかなりありました（無論，教師も「読み手」ではあるのですが）。読み手が意識されないまま書かれているため，内容的にも自分のことを中心に書いて終わっているものが散見されました。

---

*1 　ひとりごと　筆者は，英語話者の日本語小論文の下書きに見事なマッピングの図を初めて見たときに，こういうふうに考えるのかと，ちょっとした感動を覚えたものでした。

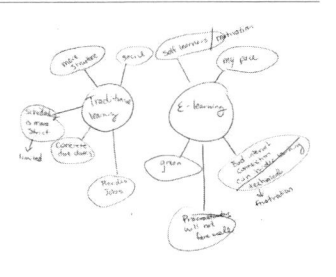

本書では，日本語で，形式面でも内容面でも効果的かつ魅力的な文章が書けることを目指します。方法としては英語のessay*2の書き方，具体的には「パラグラフ」（日本語の「段落」に近い）の概念やessayの発想法を日本語の文章執筆に取り入れていきたいと思います。みなさんは英語のessayの書き方を勉強したことがありますか。英語のessayでは序論，本論，結論という文章全体の構成に加え，各「パラグラフ」内の構成が明確に決まっています。1つのパラグラフに書くトピック（アイディア）は1つです。また，essayでは「読み手」を想定し，自分のことばかり書くことはありません。日本語と英語とでは文構造も違い，そのまま日本語の文章に置き変えることが難しい部分もあるでしょうが，アカデミック・ライティングやビジネス・ライティングのように「人」に読んでもらうための文章には，英語のessayの書き方は参考にできると思います。

　さきほど「効果的かつ魅力的な文章」と書きましたが，言い換えれば，good writingです。Good writingとは，言いたいこと（メイン・アイディア）が明確に分かり，それが文章全体を通して一貫している文章です。さらに，内容のみでなく，形式（構成）がしっかりし，読み手に対する配慮のあるものだと思います。ライティング評価の研究では，日本人は，文章の形式がきちんとしていなくても内容的に共感できる部分があると高く評価する傾向が見られます（田中・坪根, 2011）。小説や随筆などの文学的文章ではそれは通用するかもしれませんが，大学でのアカデミック・ライティングや社会に出てからのビジネス・ライティングにおいては，客観的にきちんと説明できなければなりません。それには，文章の種類（本書PART I, PART IIで学習する「レトリカル・モード」）を知り，それに適した展開方法を会得し，読み手を意識して書くことが有効です。英語のライティングを応用する本書で，みなさんのライティングがgood writingにどんどん近づいていくことを願っています。

著　者

田中真理・坪根由香里 (2011)「第二言語としての日本語小論文におけるgood writing評価—そのプロセスと決定要因—」『社会言語科学』14巻1号, 210-222.

---

*2　日本語の「エッセイ」は随筆のことを指しますが，英語のessayは小論文のようなものです。パートIで説明しますが，日本語のエッセイは文学的文章に，英語のessayは説明的文章に属します。

本書をお使いになる先生方へ

◆ **本書の対象者**

　本書は，主に日本人の大学1年生向け初年次教育や2年生以降の文章執筆演習などの授業で使用されることを想定しています。また，卒業論文を書こうとする学部生や修士論文を書こうとしている大学院生にも十分使っていただけると思います。日本語力に問題がなければ，外国人学生の授業で使用していただくこともできます。

◆ **全体の構成**

　PART I では，イントロダクションとして，good writing とはどういうものか，文章を書く目的に応じたモードやタイプ，文章の構成についての説明を行っています。本書で扱う文章全てに関することですので，学生の理解をしっかり確認してください。

　PART II では，「ナラティブ」「描写」「説明」「論証」の各モードについて 10 の Lesson に分けて説明しています。ここで提示したサンプルは，実際に大学生が書いたものです（一部修正しているものもあります）。わざとらしい作例や学生のレベルからあまりにもかけ離れた文章ではなく，大学生のリアルな文章を参考にできるようにしています。また，各 Lesson には実際に文章を書くタスクを準備しました。ここでのタスクは，多くの場合，学生が既に知っていることを題材にして書くような設定になっています。

　PART III では，自分がよく知らない内容についても，様々な情報源から情報を入手し，複数のモードを使うことで，より長く，より詳細に，文章を執筆する方法を説明します。この執筆方法は，卒業論文や修士論文の執筆にも，また，社会に出てからのビジネス・ライティングにも役立つことと思います。

　PART IV では，資料を掲載しています。本書で取り扱ったプロンプト（文章を執筆する際の課題文と指示文），「Good writing のための評価基準」，書いた文章をチェックし改善するためのチェックリスト，本書を執筆した際の参考文献を掲載しています。

　巻末には，「Good writing の構成要素」と「Good writing のための評価基準」が，カラー印刷の別紙で折り込まれています。本書の解説を読むときや，文章を執筆する際，推敲する際に参照してください。

◆ 本書の標準的な使用方法

〈全体の流れ〉

　本書は1年間(2期・30回)の授業で全体を終えることを想定しています。各 PART・Lessonの標準的コマ数を**表1**に記しています。合計すると各期13〜15コマになりますが，クラスの進み具合や人数に応じて各PART・Lessonにかけるコマ数を調整できるように，余裕を持たせてあります。

表1　本書の標準的な使用方法

前　期	後　期
PART I： 　Lesson 1, 2, 3 ――― 3コマ PART II： 　Lesson 1-1, 1-2 ナラティブ ― 2コマ 　Lesson 2-1, 2-2 描写 ――― 2コマ 　Lesson 3-1 手順・過程 ――― 2コマ 　Lesson 3-2 定義 ――――― 2コマ 　Lesson 3-3 分類・例示 ――― 2コマ	PART II： 　Lesson 3-4 比較・対照 ― 2コマ 　Lesson 3-5 原因・結果 ― 3コマ 　Lesson 4 論証 ――――― 3コマ PART III： 　Lesson 1〜6 　　リサーチペーパー ――― 7コマ

〈**PART I**の指導〉

　PART IのLesson 1では，Good writingに必要なことを巻末の「Good writingの構成要素」に沿って説明しています。それを参照しながら解説を行い，タスク「TRY!」で内容理解を確認してください。

　Lesson 2(文章の種類と目的)，Lesson 3(文章の構成)は本書の解説に沿って説明し，同様に「TRY!」で内容理解を確認し，「CHALLENGE!」に臨んでください。

〈**PART II**の指導〉

　PART IIの各Lessonには，実際に文章を書くタスク「CHALLENGE!」が最後についています。また，学習項目の整理のためのタスク「TRY!」がついているLessonもあります。どちらのタスクも，大学生にとって身近なテーマを用意しました。

　執筆前の指導

　執筆する前には，本文やタスクを通して，各モードやタイプの特徴をよく理解させるようにしてください。また，書く内容について一人でじっくり考える時間を与えるとともに，学生同士で話し合い，意見交換する時間も十分とってください。

◉ 執筆の指導

　「CHALLENGE!」の執筆方法については，書く準備のために授業内でメモを取る際などは手書きで構いませんが，実際の文章執筆はパソコンなどのワープロソフトを使って執筆し，オンラインで提出することを前提としています。

　また，巻末の「Good writing の構成要素」と「Good writing のための評価基準」は，執筆前や執筆中に参照しながら書かせるようにしてください。

◉ 執筆後の指導

　執筆した後には，本書 PART IV の「チェックリスト」を使って学生に文章を推敲させたり，学生同士で相互評価や相互推敲をさせたりして，文章を改善するよう指導してください。このリストは「Good writing のための評価基準」を元にして作られており，PART II・PART III のすべての文章に共通して使っていただけます。

〈PART III の指導〉

　PART III の各 Lesson は，リサーチペーパーを書く手順を説明し，作業に必要な情報を提供しています。テーマの設定は，Lesson 6 のワークシートを使って行ってください。情報収集，アウトライン作成，執筆，推敲の一連の作業の進み具合は学生個人ごとに異なると思います。クラス全体でも十分な時間を取り，必要に応じて個別に学生をサポートするようにしてください。

　PART II と同様，ワークシートを使っての準備は手書きで構いませんが，実際の文章執筆はパソコンを使い，オンラインで提出することを想定しています。リサーチペーパーの長さは，作業の時間や学生のレベルに応じて自由に設定してください。

◆ 本書の発展的な使用方法

　PART IV の「プロンプトの一覧表」には，本書で使用したサンプルを学生に執筆してもらった際のプロンプトを載せてあります。これらを参考に，各機関・コースに合ったプロンプトを作成してみることをお勧めします。

　「Good writing のための評価基準」も，必要があれば，各機関・コースなどに合わせて改変し，先生方のアイディアで柔軟にお使いください。

この本で勉強すること

　筆者の一人，田中は文章を書くのは好きですが，決して得意ではありません。そのようなこともあり，この10年間，日本語で効果的かつ魅力的な文章が書けるようになるにはどうしたらいいのだろうと考えてきました。その結果が本書です。

　作成にあたっては，筆者の good writing 研究がもとになっていますが，そこで参考にしたのが英語の essay writing です。英語の essay writing の概念の一部は，これまでにもいくつかの日本語のライティングの教科書で扱われてきましたが，それらは「自分の意見を述べて，それが正しいことを論証していく」タイプの「論証型」の文章を中心とする教科書が多かったようです。しかし，大学や社会で必要とされるのは論証型の文章だけではありません。大学でホームページにサークルの活動報告を書く機会もあるでしょうし，会社に入って企画書や会報など，論証型以外の文章を書く機会もあるかと思います。

　本書では，そのような多様な文章を念頭において，英語におけるライティングの理論・概念が日本語のライティングにどこまで応用できるのか見極めながら，その考え方を積極的に取り入れていきます。具体的には，文章には種類（ジャンルとモード）があり，書く文章の目的に適したものを選ぶこと，文章の構成（パラグラフや文章全体のマクロ構成）を意識することです。さらに，「読み手」を意識し，「書き手」が責任を持って書くことを提案します。

　この本で扱うライティングは，読み手に情報を与えたり，書き手が何かを主張するための文章が中心で，小説のようなフィクションではありません。別の言い方をすれば，広い意味でのアカデミック・ライティングに属する文章です。つまり，レポートや論文だけではなく，大学生が大学生活において経験することについて書く文章——新入生に「高校生活との違い」や「アルバイトの紹介」などを説明する文章，自分の住んでいる街に来たことがない人にガイドブックの中で名物や観光地について説明する文章，大学新聞への投稿文，学科のホームページに外国での研修の様子や留学中に住んでいた街を紹介する文章など——を学習していきます。そして最後にリサーチペーパー（レポートや論文）に取り組みます。このようなジャンルにおける good writing とはどのようなものか，これから説明していきます。

PART I

イントロダクション：
Good writing を目指そう

PART I　イントロダクション：Good writing を目指そう

Lesson 1

Good Writing に必要なこと

　Good writing とは次のような文章です。「読み手」がきちんと想定され，「読み手」への配慮があり，言いたいことが明確に分かり，それが文章全体を通して一貫している文章です。さらに，目的に応じた文章の種類が選ばれ，それに合った構成が意識され，流れがよく，日本語がその場にふさわしく正確である，というような条件がつきます。

　この本の最後に折り込まれている，カラー印刷の「Good writing の構成要素」の図を見てください。これは good writing をモデル化したものです。

　一番上に「ライティングの設定」と「ライティングのプロセス」があります。これらは，文章を書きあげるときの全体的な枠組みです。

　その下に「読み手」「文章」「書き手」があります。右側の「書き手」から左側の「読み手」に矢印が出ていて，その間に「文章」があります。「書き手」は常に「読み手」に向かって「文章」を書くことを表しています。

　また，「読み手」「文章」「書き手」について，それぞれ考慮すべき事柄が青，黄，赤，橙，紫のボックスの中に示してあります。「読み手」の下には「A：Writer Responsibility」があります。これは書き手が読み手を想定し，配慮して書くことを表します。「文章」の下には「B：内容」「C：モード」「D：構成・結束性」が並んでいます。「B：内容」は，書き手が言いたいことを，文章の中で，そしてパラグラフの中で，一貫性をもって伝えるために必要な要素です。さらに「B：内容」の下には「知識」と「知識をまとめる方法」があります。これらは伝えたいことをまとめるために必要な要素です。「C：モード」「D：構成・結束性」は，文章の目的に応じた「文章の種類」を選び，それに合った「構成」を意識して，流れよく書くための要素です。「書き手」の下には「E：言語面」があります。その場にふさわしい表現形式で，正確に日本語を書くために意識すべき要素です。それでは，この図に沿って，good writing に必要な要素を説明していきます。

1. ライティングの設定

　文章を書くには，まず，図の一番上にある「ライティングの設定」，すなわち，「誰に向かって，何を，どのモードを使って，どのような流れで，どのような場で（どこに），述べるのか」という全体的な設定を確認します。例えば，「新入生」に向かって，

「大学生のアルバイトとしてはどんなアルバイトがあるのか」を，「分類というタイプの説明モードを使って」，「序論・本論・結論」という流れで，「新入生ハンドブック」という比較的気楽な冊子に，紹介する，ということをしっかり頭に入れて書くということです。この設定について，1つ1つ見ていきましょう。

2.「誰に向かって」(A: Writer Responsibility)

　Good writing の条件の1つは，「読み手」がきちんと想定され，「読み手」への配慮があることです。みなさんは，reader responsibility と writer responsibility ということばがどんなことか想像できますか。Reader は「読み手」，writer は「書き手」で，responsibility は「責任」ですね。つまり，「reader responsibility」は「読み手の責任」，「writer responsibility」は「書き手の責任」ということです。これは Hinds という言語学者の指摘で，日本語は reader responsibility の言語，英語は writer responsibility の言語だと言われています。日本語の場合，仮に書き方が悪くても，読み手が不足を補って読むことが期待され，文章が理解できないのは「読み手の責任」だということです。一方，英語の場合は，理解できない書き方をした「書き手の責任」だということです。

　筆者の経験では，reader responsibility の言語は日本語だけではなさそうです。アジア圏の学生の文章と英語圏の学生の文章を比べて1番違うなと思うのは，「読み手」に対する書き手の意識です。英語話者が書いた新聞への投稿文では，読み手に語りかける[*3]かのように書かれています。また，読み手と知識が共有できるように，具体例が豊かで，説明も丁寧です。一方，アジアの学生の文章では，突然「読み手」の知らないことが現れたり，ことわざや格言のようなものが出てきたりするのですが，それに対する説明がないので，読み手には何だかよく分からないままで終わってしまうことがあります。この本で主として扱うのは，明示的に説明，論証する文章ですので，英語式の writer responsibility 方式でいきたいと思います。

◆ 読み手の想定

　「読み手がきちんと想定されている」というのは，例えば，新聞の投稿文では新聞の読者が想定されていることです。大学新聞に載せる文章の場合には読み手は学生や教職員ですが，一般紙だと，もっと広い層の読者を考えなければならないでしょう。

　ここでの「読み手」とは，書かれた情報を最終的に受け取る人を指します。以前，授業で新聞への投稿文を書いてもらった後に，「読み手」は誰だと思って書いたかアンケートをとったことがあります。かなりの人が「先生」と答えていました。また，「新聞社」(投稿の採用を決める人)と回答した人もいました。確かに，授業で書いたのですから直接の読み手は教師ですし，また，新聞への投稿として採用されるように採用

[*3] ひとりごと　ただし，このような文章は，カジュアルすぎるとか，インフォーマルな印象を与えると評価されることもありました。評価基準 E の b 適切さ(レジスター)(p. 173)と関係します。

決定者を思い浮かべて書くのも1つのストラテジーでしょう。しかし，それを越えて，最終的な「読み手」，この例の場合は新聞の読者を想定するほうがより広がりのある内容になるのではないでしょうか。

◆ 読み手への配慮

「読み手への配慮がある」というのは，読み手がおそらく持っていないと想定される知識などを補うことです。これは読み手が誰かによって大きく変わってきます。例えば，インドネシアの学生が日本で自国を紹介する文章を書いたときに，「ベチャ」*4 と書いて何も説明しなかったら，一般の日本人には分かりません。「ベチャ」はインドネシアの庶民の足で，三輪自転車に座席をつけた乗り物のことです。しかし，もしインドネシア在住の日本人を対象とした日本語の新聞に投稿する場合には説明は不要でしょう。

◆ 読み手にとって興味深いか

「読み手を想定する」ということには，読み手にとって興味深いかどうかを考慮することも含まれます。創造性があり，オリジナリティがあって，読み手にとって新鮮かどうか，読んでいて引き込まれるかどうか，ということも重要です。

悪いところはないのだけれど，条件は全て揃っているのだけれど，何となく「面白くない」ということはよくありますね*5。新鮮味がないということもあります。逆に，「間違いがある」「構成もアンバランス」なのだけれど「面白い」「惹きつけられる」ということもありますね。形式面での完璧さを覆すようなもの，その人にしか書けないもの，それが「オリジナリティ」の特性の1つなのだと思います。

Good writing の研究で，学生が書いた小論文を複数の人に評価してもらったことがあります。そこで意見が分かれるのが，この「オリジナリティ」の強い作品です。

「オリジナリティ」が強いと，それぞれの読み手の背景や考え方の違いによって評価が分かれるようです。「B：内容」「D：構成・結束性」「E：言語面」を囲む「オリジナリティ：B & D & E」を見てください。創造性豊かな「B：内容」が書かれていたり，読み手にとって新鮮な「D：構成・結束性」であったり，読み手が予測しないような表現（「E：言語面」）が使われていたりすると，高い評価を受ける場合と，逆に低い評

*4　ベチャ
　　撮影者：Dhr. J.D.（Jacob Derk）de Jonge（Fotograaf/photographer）.

*5　ひとりごと　留学生を教えていた頃，「アカデミック・ライティングであっても面白く書きたいのです」と，good writing に挑戦していた留学生のことばが忘れられません。

価を受ける場合があります。「オリジナリティ」には賭けのような要素がありますが，good writing の 1 つの要素ではあります。

3.「何を」(B: 内容)

◆ 文章全体のメイン・アイディア

「B：内容」に関して，この本では文章全体の「言いたいこと」を「メイン・アイディア」と呼びます。論文や意見文では「主張」に当たるものです。最初に書いたように，good writing では「言いたいこと」が明確で一貫していなければなりません。また，内容が妥当で，正確であることも大切です。さらには読み手に「なるほど」と思わせるような説得力も必要です。

◆ パラグラフのトピック

文章はいくつかの「パラグラフ」から成っています。「パラグラフ」は日本語の「段落」のようなものですが，少し異なります。1 つの「段落」の中では複数のトピックが取り上げられていてもいいのですが，1 つの「パラグラフ」の中では 1 つのトピックについてだけ取り上げます。そのトピックの内容を述べた文を「トピック・センテンス」と呼んでいます。Good writing では，文章全体だけでなく，それぞれのパラグラフにおいても「トピック」が明確で一貫し，内容が妥当で正確で，説得力のあることが必要です。

◆ パラグラフのサポート

「パラグラフのサポート」というのは，パラグラフで言いたいこと，つまり「トピック・センテンス」の内容が妥当で正確であることを客観的に説得力をもって説明するもの・ことです。例えば，「例」を出したり，統計的なデータを示したりして説得力を持たせます。このように，トピックの内容についてのサポートを述べた文を「サポーティング・センテンス」と呼んでいます。「トピック」が適切にサポートされていることも good writing では大切です。

◆ 一貫性

上で説明した「文章全体のメイン・アイディア」や「パラグラフのトピック」は，全体を通して一貫している必要があります。文章全体の中でメイン・アイディアから逸れたり，パラグラフの中でトピックから逸れたりしないようにします。また，文章全体の最初（序論）で述べたことと最後（結論）で述べる内容が一致していることも大切です。こうすることによって，言いたいことが読み手にはっきりと伝わります。

◆ 内容の前提になるもの(「知識」と「知識をまとめる方法」)

　「B:内容」を充実させるのに必要なものは，一番下に書かれている「知識」です。これは常日頃から好奇心を持って多くの情報に接し，そこから仕入れ，増やしていくことが大切です。さらに，その「知識」をいかに効率的，効果的にライティングに取り入れられるかは，その上の「知識をまとめる方法」が身に付いているかどうかにかかっています。これは学習が可能です。本書のPART Ⅲを参照してください。また，特にアカデミック・ライティングでは，参考文献のリストの書き方，引用や注の書き方についても，知識として知っておく必要があります。これらもPART Ⅲで説明します。

4.「どのモードを使って」(C:モード)

　「C:モード」は，この本で身に付けようとする中心的な事柄で，「レトリカル・モード」を略したものです。「どのモードを使って」とは，例えば，「新入生にアルバイトの種類について紹介するためには分類して説明する」とか，「大学の図書館のサービスの改善を提案するためには論証という手法を用いる」，ということを考えることです。こういったことを考えるためには，目的に応じた適切な文章の種類(ジャンル・モード)があることを知り，それを適切に選べるようになること，文章の種類に応じた適切な展開方法(文章の種類に合った構成)や表現があることを知り，使えるようになることが大切です。

◆ 文章の種類についての知識

　「文章の種類」というのは，ここでは「ジャンル」と「モード」を指します。
　「ジャンル」というのは，「小説」や「詩」，「メール」や「手紙」，「報告書」や「論文」といった大きな括りでの文章の種類です。一方，「モード」というのは，その文章が，日記のようにその日あったことを時系列に語っていくものなのか，ある街の様子を描写したものなのか，新しい料理の作り方やパスポートの申請の手順を説明したものなのか，あるいは大学新聞などにおいて何か意見を述べたり，論文においてある説を主張したりするようなものなのか，という文章の目的によって選ぶ文章の種類のことです。モードによって，文章の展開の仕方も使われる表現も，ある程度決まっています。詳しくは，PART ⅠのLesson 2で説明します。

5.「どのような流れで」(D:構成・結束性)

　「どのような流れで」というのは，文章の「構成」を考え，スムーズに読めるように「結束性」を高めて書く工夫をする，ということです。「D:構成・結束性」も，この本で身につける中心的な事柄です。

◆ 文章の構成についての知識

　文章の「構成」には，「マクロ構成」と「ミクロ構成」があります。「マクロ構成」というのは文章全体の構成（本書では「序論・本論・結論」[*6]）で，「ミクロ構成」というのはパラグラフ内の構成のことです。PART I の Lesson 3 で詳しく説明します。

　「メタ言語」というのは，「まず・次に・最後に」や「次に○○について説明します」のような，文章の展開を把握しやすくするような機能を持つ表現や説明を指します。「マクロ構成」や「ミクロ構成」を整えるだけでなく，こういった表現にも気を配ります。これらについても，PART I の Lesson 3 で説明します。

　「一貫性」というのは，「B：内容」において説明しましたが，構成面からみても，最初（序論）と最後（結論）がずれないということです。また，序論と結論の間にある本論においても，文章全体のメイン・アイディアから大きくずれていかないというような意味です。さらに，順序の一貫性も大切です。例えば，「ファーストフード」と「スローフード」を比べるとき，文章中で一旦「ファーストフード」「スローフード」の順で論じたら，その後もその順序を守って論じるということです。これは「読みやすさ」に大きく貢献するようです。

　「モードに合った展開方法」は，特に「分類」，「比較・対照」，「原因・結果」などのモード（本 PART I の Lesson 2「文章の種類と目的」で説明）の文章のように，論じる要素が複数ある場合に大切になってきます。例えば，「比較・対照」には2つの典型的な展開方法があり，それを用いて説明すると効果的です。

◆ 結束性

　「結束性」は，文と文やパラグラフとパラグラフがスムーズにつながっているかどうかを表すものです。結束性は，「接続表現」をうまく使ったり，「指示表現」を使ったり，「語彙の連関」として言い換えや反復を行うことによって高めることができます。

　「接続表現」は文と文やパラグラフとパラグラフの論理的な関係や話の展開を分かりやすくします。さきほど「文章の構成についての知識」で説明した「メタ言語」をうまく使うことでも結束性を高めることができます。

　何度も同じ表現を繰り返さず，「指示表現」を使ったり，「省略」することによっても結束性を高めることができます。「指示表現」は「それらの」「このように」といった表現のことで，前に述べた語や文，内容そのものを指し示します。これらの表現を使わずに，何度も同じ表現を繰り返すとしつこくなり，日本語として不自然になります。一方，「省略」は繰り返さなくても分かる内容を省略することです。省略せずに同じ表現を繰り返すと，やはりしつこくなります。例えば，「日本の人口は，50年前には約9,000万人であった。（日本の人口は）2010年には12,800万人に増えると同時に，高齢化率が大幅に上昇した。（日本の人口は）2060年には9,000万人に割り込

[*6] 文章全体の構成には，「起承転結」などの型もありますが，本書で扱うのは主として説明的文章なので，マクロ構成といった場合には「序論・本論・結論」を指します。

み，高齢化率は40％近くになると推計されている。」という文章で，「日本の人口は」が繰り返されると，ゴツンゴツンとした感じがしますね。

「語彙の連関」として「言い換え」や「反復」を行うことも結束性を高めます。「言い換え」は同義語（同じ意味の他のことば）や上位語（その語の意味を包含する上位にあることば）を使って行います。例えば，「100メートル走」「幅跳び」「ハンマー投げ」などをまとめて1つの語で言い換えようとするときに，これらを含めて一言で表せる語として「陸上競技」という上位語を使う，ということです。各種目を何度も列挙したらとても読みにくくなりますね。同じ語彙を繰り返すと，やはりゴツンゴツンとした感じになります。ただし，「繰り返し」とは逆の「反復」が効果的な場合もあります。レポートや論文などのアカデミック・ライティングにおいては専門語や重要な語句を他の語句に言い換えると混乱を招くので，同じ語句を繰り返し使います。

以上のように，「結束性」のある文章というのは，流れのいい文章で，それは内容面の流れとも関連し，前述の「モード」に合った論の展開の仕方にも関係してくるわけです。そして，当然，それは読みやすいものでもあるでしょう。

6.「言語面」（E：言語面）

「言語面」は，a「基本的な言語能力」（正確さ）とb「レジスター」（適切さ）から成ります。

◆ a.「基本的な言語能力」（正確さ）

「基本的な言語能力」（正確さ）とは，日本語母語話者，あるいは高い日本語能力を備えた外国人学習者（非母語話者）が当然持っていると考えられる言語能力を指しています。基本的な「文法」や「表記」のルールは身についていると思いますが，日本語母語話者といえども，「語彙」，「表現」，「漢字」の知識は一夜で増やせるものではありません。「構文」にしても，「効果的で多様な構文」は，長年の幅広い読書などを通して培えるものだと言えます。気の利いた表現に出会ったり，知らなかった漢字や語彙に気がついたら書きとめておく，などして，知識を増やしていきましょう。

◆ b.「レジスター」（適切さ＝どのような場で（どこに））

「レジスター」というのは，その場にふさわしい表現形式，文体などのことで，それを意識するかしないかで大きく変わってきます。「読み手の想定」にも似ています。最初の「ライティングの設定」でいうと，「どのような場で（どこに）」に大きく関係してきます。「どのような場で」というのは「どこに書くのか」ということで，例えば，「新入生ハンドブック」や「大学新聞」に書くということです。新入生ハンドブックには新入生ハンドブックに，大学新聞には大学新聞にふさわしい表現や文体（レジスター）があり，それを選ぶことが必要になります。

他の例（音声言語）で説明しましょう。例えば，卒業式で読む答辞などは，フォーマ

ルで硬い表現・語彙・構文が使われます。それに対し，親しい友人だけでの結婚式の二次会の挨拶はどうでしょう。くだけた表現・語彙・構文が使われると思います。前者が「書きことば」的であるのに対し，後者は「話しことば」的だとも言えます。文末も，場面に合わせて丁寧体（です・ます体）と普通体（だ・である体）を使い分けているはずです。このように場面に合わせた使い分け（レジスター）は，話すときも大切ですが，音声は目に見える形で残らないのに対して文字で書かれたものは残るので，ライティングにおいてはより重要になります[*7]。大学の学生新聞に意見を投稿するのと，一般の新聞に投稿するのとでは，自ずと書き方が違ってきますね。

7. ライティングのプロセス

　最後に，図の上方「ライティングの設定」の下にある「ライティングのプロセス」について説明します。何かを書く際に，短いものなら思いつきでさっと書けるかもしれませんが，少し長くなったら手順を踏んで準備してから執筆するほうが良い文章が書けます。書けたものは何度も「推敲」するわけですが，このとき，自分で推敲するだけでなく，クラスメートと書いたものを交換したりして，推敲していくことも大切です。思い込みや説明不足が明らかになります。詳しくは PART III で説明します。

◆ 評価基準

　「Good writing のための評価基準」と「Good writing の構成要素」が，この本の最後に両面印刷で折り込まれています。この「Good writing のための評価基準」はトレイト（項目）別に good writing の基準を示したものです。書き始める前に確認しましょう。また，書いているときにも，書き終えたときにもチェックしましょう。なお，「Good writing のための評価基準」の A～E は，この Lesson で説明した「Good writing の構成要素」の A～E と対応しています。上手に活用しましょう。

　ここで「good writing に必要なこと」のまとめとして，TRY! ❶をやってみましょう。

---

*7　［ひとりごと］　留学生が一番苦労するのが，このレジスターでしょう。とても日本語が上手な学生が，「えっ」と思うような語彙や表現を使い，ときにびっくりさせられるようなことがありました。例えば，上品な女子留学生が，教師に向かって「腹減ったので」と言うのを聞いたら，皆さんも驚きますよね。

TRY! ①

みなさんはどんな文章を書きますか。または，これまで書いたことがありますか。そのライティングの設定について4つ考えてみましょう。(p. 12「1. ライティングの設定」参照)

	ライティングの設定			
	誰に向かって	何について	何をするために	どこに
1				
2				
3				
4				

　以上，good writing に必要なことについて説明しました。次の Lesson 2 では，そのうちの「C：モード」の「文章の種類(ジャンル・モード)についての知識」，Lesson 3 では「D：構成・結束性」の「文章の構成についての知識」について学びます。

Lesson 2

文章の種類と目的

1. 文章の種類

　言語を問わず，文章は，大きく文学的文章と説明的文章の2つに分けられます[8]（図1）。文学的文章は，書き手が基本的に自由に書くもので，小説，詩，随筆（日本語のエッセイ[9]），紀行文，日記，俳句，短歌などです。説明的文章とは，基本的に読み手に情報を与えるもので，新聞などのニュース記事，論説文，解説文，書評，投稿文，大学でのレポート，論文，企業などにおける報告文，企画書などがこれに該当します。本書では，説明的文章を中心に学びます。

```
                    ┌ 文学的文章 ┌ 小説
                    │            │ 詩
                    │            │ 随筆（エッセイ）
                    │            └ 紀行文 etc.
文　章 ┤
                    │            ┌ ニュース記事
                    │            │ 論説文，解説文，書評
                    └ 説明的文章 │ 投稿文，大学のレポート，論文
                                 └ 報告文，企画書 etc.
```

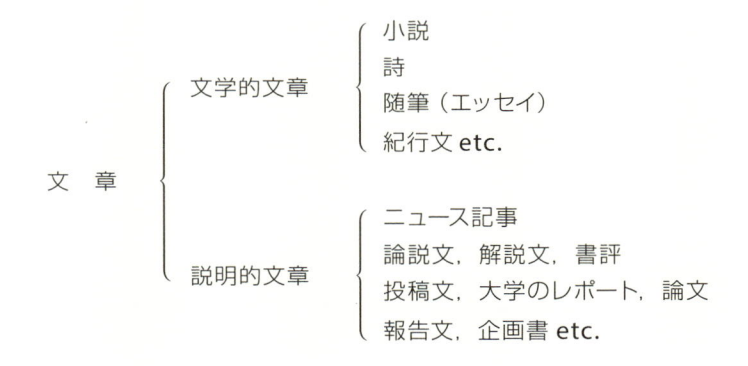

図1　文章の種類

---

[8]　芸術的文章と実用的文章に分けられることもあります。

[9]　日本語の随筆のことをエッセイとも言いますが，英語のessayとは異なります。日本語のエッセイは文学的文章に属するのに対し，英語のessayは小論文のようなものを指し，説明的文章に属します。

2. レトリカル・モード(Rhetorical mode)

　文学的文章と説明的文章の調子は何となく違いますね。説明的文章の中でも，文章の種類によってトーンが違います。それは，主として使われているレトリカル・モードが異なるからです。

　図2を見てください。レトリカル・モード(以下，「モード」と呼びます)は，大きく(1)ナラティブ(narrative)，(2)描写(description)，(3)説明(exposition)，(4)論証(argumentation)の4つのモードに分かれ，(3)説明モードは，さらに(a)手順・過程，(b)定義，(c)分類・例示，(d)比較・対照，(e)原因・結果の5つに下位分類されます。ここでは，この下位区分をタイプと呼ぶことにします。

(1)ナラティブ (narrative)
(2)描写 (description)
(3)説明 (exposition)
　(a) 手順・過程
　(b) 定義
　(c) 分類・例示
　(d) 比較・対照
　(e) 原因・結果
(4)論証 (argumentation)

図2　レトリカル・モードによる文章の分類

3. 文章の目的とモード

　ある文章は1つのモードから成っているのではなく，主として使われているモード(主要モード)というものがあります。どのモードが主要モードになるかは，文章の目的によって決まります。表2は，モード・タイプ別の文章の目的と，実際にどのような文章に現れるかを示したものです。具体的な例文は表2の次に示してあります。

表2　モード・タイプ別の文章の目的とその例

モード・タイプ	文章の目的	例
(1) ナラティブ	・「何が起こったか」「何・誰がどうしたか」などについて述べる	新聞記事[例1]，伝記[例2]，Cf. 日記，おとぎ話／昔話
(2) 描写	・「物や人，状況や場所がどのようなものか」また，「どのような印象を与えるか」などについて述べる	ガイドブック(街の描写)[例3]，実況中継[例4]，風景描写，人物描写
(3) 説明 　(a) 手順・過程 　(b) 定義 　(c) 分類・例示 　(d) 比較・対照 　(e) 原因・結果	・「その手順・過程は」「その定義は」「分類すると」「その例は」「比較・対照すると」「その原因・結果は」「その解決方法は」など，いろいろなことが「どのようなものか」説明する	電気製品などの取扱説明書，料理の作り方[例5]，ガイドブック(行き方，乗り方 etc.)，キーワード事典[例6]，解説書・概説書・参考書[例7][例8]，ハンドブック[例9]，新聞の解説文[例10](レポート[*10])
(4) 論証	・書き手の主張が正しいこと，真実であることを論じる ・主張を読者に認めてもらい，何らかの行動をとってもらうよう説得する[*11]	レポート，小論文，論文，新聞の論説文，投稿文[例11]，陳情書

[例1] ナラティブ(新聞記事)：5月15日から20日にかけて，スイスのジュネーブで主要5カ国首脳会談が行われた。初日の15日は，……続いて，翌16日から18日にかけては……

[例2] ナラティブ(伝記)：マリー・キュリーは，1867年にポーランドのワルシャワで生まれた。1883年ギムナジウムを優秀な成績で卒業し，………

[例3] 描写(街の描写)：名古屋は広い街路が碁盤の目のように張り巡らされている街だ。

[例4] 描写(実況中継)：現在，東京中心部は雨風が非常に強く，道行く人々は傘をさせない状態で歩いています。

[例5] 説明(a)手順・過程(料理の作り方)：チーズ・オムレツを作るには，まずボールに卵を割り入れ，塩・胡椒をし，生クリームを少し入れ，そこにおろしたてのチーズをたっぷり入れて，さっくりかき混ぜます。次に，フライパンを火にかけ，少し熱くなったら，バターを入れて溶かします。……

[例6] 説明(b)定義(キーワード事典)：紅葉狩りとは，秋に色づいたモミジの葉を観賞しに出かけることです。

[例7] 説明(c)分類(解説書)：酒はその造り方によって，「醸造酒」，「蒸留酒」，「混成酒」に分けられます。

*10　レポートは「論証」モードだけではなく，目的により，「説明」が主要モードになることもあります。さらに，歴史のレポートのように，「ナラティブ」が主要モードになる場合もあります。

*11　論証モードを使って，自分の意見を述べる文章を「意見文」，相手を説得することを目的とする文章を「説得文」ということがあります。

[例8] 説明(c)例示(解説書)：果実酒というのは，例えば「ワイン」や「シードル」のような果実が原料の酒です。「ワイン」はぶどうが原料で，「シードル」はりんごが原料です。

[例9] 説明(d)比較・対照(ハンドブック)：高校と大学を比較して，まず挙げられる大きな違いは時間割です。高校では，1時限は数学，2時限は国語というようにあらかじめ決まっていて，必ず受けなければなりません。一方，大学では，必修科目を除いて，自分で好きなように組むことができます。

[例10] 説明(e)原因・結果(新聞の解説文)：日本では未婚化・非婚化が進んでいるが，その原因の一つは結婚適齢期の日本人のライフスタイルの変化にある。

[例11] 論証(投稿文)：祝祭日に授業を行うことについて，学生の立場から意見を述べたい。そもそも祝祭日というのは，「体育の日」「敬老の日」というように，それぞれ意味，目的のある日だ。したがって，祝祭日は祝祭日として，その目的にかなった過ごし方をすべきで，大学への登校日にすべきでないと思う。

以上，モード・タイプの例を示しました。ただし，Lesson 2の3.の冒頭で述べたように，文章は単一のモードから成っているのではなく，それ以外のモードも使われています。言い換えれば，文章は普通は複数のモードから成っているのです。以下のヨーロッパ主要5カ国首脳会談についての新聞の報道記事(作例)で確認してみましょう。

この文章は，「主要5カ国首脳会談が行われた」のように，「何が起こったか」「誰がどうしたか」を時間の経過とともに表す，(1)ナラティブ・モードで始まり，このあと「初日の15日は……」「最終日の20日は……」とナラティブ・モードが続きます。しかし，その次の「記念撮影では多くの警備員が並ぶ中，首脳陣の表情は終始にこやかだった。そのあとの昼食会会場は初夏の花々が美しく咲き，会談の成功を祝っているかのようだった」のような文は，「誰がどうした」ではなく，「何・誰がどうであったか」を述べています。この部分は(2)描写モードです。

例

ヨーロッパ主要5カ国首脳会談が開幕

　5月15日から20日にかけて，スイスのジュネーブでヨーロッパ主要5カ国首脳会談が行われた。初日の15日は，フランスの○○大統領とドイツの○○首相が会談し，欧州の金融危機の対策強化で合意した。続いて，翌16日から18日にかけては，……。最終日の20日は，5カ国の首脳が揃って会場で記念撮影を行い，昼食をともにした。記念撮影では多くの警備員が並ぶ中，首脳陣の表情は終始にこやかだった。そのあとの昼食会会場は初夏の花々が美しく咲き，会談の成功を祝っているかのようだった。今後の欧州の金融危機の行方に注目したい。(ジュネーブ発・▼▼新聞)

ここで例として示した新聞報道記事はナラティブが主要モードです。同様に大学で書く「卒業論文」は(4)の論証が主要モードですが、書き手の主張を論証するためには説明も必要で、(3)の説明モードの文も含まれ、複数のモードから成っていると言えます。各モードの説明とその執筆は PART II で、複数のモードから成る文章の執筆は PART III で説明します。

それでは、「文章の目的とモード」のまとめとして、TRY! ❷をやってみましょう。

TRY! ❷

次の ☐ の中のトピックについて、4種のモードを使って文章を書くとします。☐ の中からトピックを1つ選んで、表2の「文章の目的」を見ながら、モード別にタイトルを考えてみましょう。(3)説明モードはタイプ(a)～(e)を考えてください。

表には「うどん」をテーマとして選んだ場合の例が示してあります。タイトルは「うどんについて」のような漠然としたものではなく、例のように具体的なタイトルにしてください。

| うどん　　スカート　　船　　英語教育　　憲法　　オリンピック |

モード・タイプ	例：うどん	
(1)ナラティブ	うどんの歴史	
(2)描写	今まで食べた中で一番おいしかったうどん	
(3)説明 　(a) 手順・過程 　(b) 定義 　(c) 分類・例示 　(d) 比較・対照 　(e) 原因・結果	(a)「きつねうどん」の作り方 (b)「たぬきうどん」とは (c) 日本各地のうどんの分類 (d)「うどん」と「そば」 (e) なぜうどんの価格が 　　上がったのか	
(4)論証	うどんは手打ちであるべきか	

Lesson 3

文章の構成

　これまで，good writing では文章の「構成」を意識することが大切だと述べてきました。ここでは，基本的な「パラグラフ内構成」（ミクロ構成），「文章全体の構成」（マクロ構成），「メタ言語」について学びます。これは，モードには関係なく，共通です。

1. パラグラフ（Paragraph）内構成：ミクロ構成

◆パラグラフとは

　パラグラフとは，文章を構成するひと固まりの文の集合です。日本語では「段落」と訳されることが多いのですが，本書ではパラグラフと段落を区別します。

　みなさんが日ごろ目にする日本語の文章は，ある程度の長さで改行されてひと固まりになっています。この固まりを一般的には段落（あるいは形式的段落）と呼んでいると思います。日本語の文章の改行，つまり段落作りには，明確な規定はありません。みなさんが文章を書いていて，改行するのはどんなときですか。話題（トピック）が変わったときに改行するのが普通ですが，1文や2文で改行されている場合もありますし，1ページ以上改行されない場合もあります。もし前者のように改行していくと，1ページにいくつもの段落ができ，トピックが細切れになり全体としてのまとまりがなくなってしまう可能性があります。後者の場合には，おそらく1つの段落の中にいくつかのトピックが取り上げられているはずで，どちらも理解しにくくなると思われます。

　一方，英語のライティングにおけるパラグラフも，改行によって区切りが示されますが，その内容については明確な規定があります。1つのパラグラフに書くトピックは1つです。新しいトピックについて述べるときには新しいパラグラフに書きます。これだと，読み手にも書き手にも内容や構成が分かりやすく，文章が明確になります。日本語においても，説明的文章，特にアカデミック・ライティングやビジネス・ライティングには，この英語のパラグラフの概念を適用するのが効果的で，good writing への

近道だと考えられます。本書では，このパラグラフ[*12]の概念を採用します。

段落とパラグラフ

どちらも，改行によって区切られる，ひと固まりの文の集合であるが，

段落：
- ▶ 区切り方は書き手に委ねられている
- ▶ 1つのトピックが複数の段落にわたって書かれることもある
- ▶ 複数のトピックが1つの段落に書かれることもある

パラグラフ：
- ▶ パラグラフの作り方には決まりがある
- ▶ 1つのパラグラフには1つのトピックについて書く

◆ **パラグラフの構成**

　パラグラフは，トピック・センテンス，それをサポートするサポーティング・センテンス，そして，まとめに当たるコンクルーディング・センテンスから成り，本書ではこれを「ミクロ構成」と呼ぶことにします。先に述べたように，1つのパラグラフにトピックは1つです。英語ではそのパラグラフで何が述べられるかを表した文をトピック・センテンスとして，通常，パラグラフの冒頭に書きます。そうすると，読み手にはそのパラグラフの内容が一目瞭然となり，効率的かつ効果的だと言えます。そして，その後に，トピック・センテンスで主張したことをサポートするサポーティング・センテンス（具体的な説明，例，データなど）を書きます。サポーティング・センテンスは，1つで十分な場合もありますし，3つぐらい必要な場合もあるでしょう。パラグラフの最後には，「まとめ」あるいは「結論」に当たる文（コンクルーディング・センテンス）を書きます（図3）。コンクルーディング・センテンスは省略される場合もあります。本書では，以上のミクロ構成を使って文章を書いていきます。

トピック・センテンス

　・サポーティング・センテンス
　・サポーティング・センテンス
　・サポーティング・センテンス

（コンクルーディング・センテンス）

図3　パラグラフ内構成（ミクロ構成）

[*12] これは説明的文章におけるパラグラフであって，文学的文章（芸術的文章）においては当てはまりません。意図的な改行や無改行によって芸術的な効果を狙うことがあります。

2. トピック・センテンス（Topic sentence）

◆ トピック・センテンスとは

　トピック・センテンスは，日本語では「中心文」と呼ばれることがあります。なぜ中心文かと言うと，パラグラフの中心（位置）にあるからではなく，そのパラグラフの中心となるテーマ（トピック）について述べるからです。位置は，英語では一般的にパラグラフの冒頭です。なぜ冒頭かというと，最初のほうに書いたほうが，そのパラグラフで何について書かれているのかを意識しやすいからです。読み手にとっても親切ですし，書き手にとっても，内容がぶれないという利点があります。構成を意識しながら書くことは内容の一貫性につながるので，日本語でもトピック・センテンスをパラグラフの最初のほうに（必ずしも冒頭でなくてもよい）書くことを勧めます。

◆ トピック・センテンスの書き方

　トピック・センテンスの具体的な書き方について説明します。トピック・センテンスには，トピックについての書き手の考え方や判断，意見を書きます。下の □ の中の例を見てください。「大学と高校の授業の違い」というトピックの場合，「大学と高校の授業は大きく異なる」というトピック・センテンスでは不十分です。もっと具体的に絞り込んで，例えば，「大学と高校の授業は，内容，選び方，時間割の作り方の点で大きく異なる」のように，両者の授業の違いを書き手がどのように捉えたのかを示さなければなりません。

トピック・センテンス

▶ そのパラグラフのトピックを示したもので，パラグラフの始めのほうに置く
▶ **トピック**についての**筆者の考え方・判断・意見**を具体的に書く
　　　　(A)　　　　　　　　　(B)

例：トピック：「大学と高校の授業の違い」

　　　　　　(A)　　　　　　　(B)
× 　大学と高校の授業　は　大きく異なる。
○ 　大学と高校の授業　は　内容, 選び方, 時間割の作り方の点で大きく異なる。

---

3. サポーティング・センテンス（Supporting sentences）

　サポーティング・センテンスは，日本語では「支持文」と呼ばれることがあります。パラグラフの中心となるテーマ（トピック・センテンス）を支える，つまりそれが妥当であることを裏付けるための文で，具体例や統計的データを示したり，より詳細に説明したりします。そうすることによって，トピックの内容が読み手によりよく伝わります。

―― サポーティング・センテンス ――

▶ トピック・センテンスの内容を支える(内容が妥当であることを裏付けるための)文
▶ トピック・センテンスの具体例,統計的データ,より詳細な説明などを記す

パラグラフ例:
　①大学と高校の授業は内容,選び方,時間割の作り方の点で大きく異なる。②大学の授業は学科の専門分野を学ぶ内容になって,高校に比べて専門的である。③高校では授業の選択の余地はほとんどないが,大学では自由に選べる。④したがって,大学ではどの時間割も個人個人で異なる。⑤このように,大学と高校を比較すると,授業の内容や選び方,時間割の作り方において大きな違いがあるのである。

　トピック・センテンス:①
　サポーティング・センテンス:②,③,④
　コンクルーディング・センテンス:⑤

4. コンクルーディング・センテンス(Concluding sentence)

　コンクルーディング・センテンスは,日本語では「まとめ」とか「結論」と呼ばれることがあります。ここではトピック・センテンスの内容に再度言及します。しかし全く同じ文言ではなく,表現や語順を変える,などの工夫が必要です。上に示した例の最後の文⑤がそれに当たります。最初に述べたこと(文①)と矛盾しない内容を示して終わるわけです。

5. 文章全体の構成:マクロ構成

　説明的文章には,1パラグラフから成る短いものから数多くのパラグラフで構成される文章まであります。ちょっとした報告文なら1パラグラフで書くことも可能ですが,大学のレポートが1パラグラフということは実際にはないでしょう。このような種類の文章は,読み手に情報を提供したり,書き手の主張を述べたりする文章で,ある程度の文章量が必要になるからです。一定の形式に則って書くほうが効率的かつ効果的です。本書では,文章全体の構成のことを「マクロ構成」と呼び,基本的に,序論,本論,結論の3つの部分から成るとします。図4を見てください。

　序論では,その文章を書く目的,背景,文章全体の「メイン・アイディア」(その文章で最も言いたいこと・主張したいこと)を書きます。読み手にその文章を読んでもらうための準備をしてもらう部分で,読み手の注意や興味を惹いて読む気にさせるよ

うな文(「読み手を読む気にさせる文(Motivator)」)を入れるとよいでしょう。長い論文でなければ、序論は普通1パラグラフで書きます。

本論では、メイン・アイディアに関連する具体例や統計を示して、メイン・アイディアをサポートしていきます。本論の展開の仕方は、文章のモード・タイプによって「型」があるので、PART II において具体的に説明します。本論は1パラグラフではなく数パラグラフから成るほうが普通です。

結論では、序論で述べた文章全体のメイン・アイディアに再度言及し、文章全体のまとめを書きます。本格的な論文では今後の課題や展望を書くこともあります。結論は序論と同様、1パラグラフが基本です。

以上のように、文章全体のマクロ構成は複数のパラグラフから成り立っています(**図4**)。

序　論
・読み手を読む気にさせる文(**Motivator**)
・メイン・アイディア
・論文全体の構成についての予告

本 論 1
トピック・センテンス
・サポーティング・センテンス①
・サポーティング・センテンス②
・サポーティング・センテンス③

パラグラフの構成（ミクロ構成）
トピック・センテンス
・サポーティング・センテンス①
・サポーティング・センテンス②
・サポーティング・センテンス③
コンクルーディング・センテンス

本 論 2
トピック・センテンス
・サポーティング・センテンス①
・サポーティング・センテンス②
・サポーティング・センテンス③

本 論 3
トピック・センテンス
・サポーティング・センテンス①
・サポーティング・センテンス②
・サポーティング・センテンス③

結　論
・メイン・アイディアを思い出させる文
・終わりを示す文

文章全体の構成（マクロ構成）

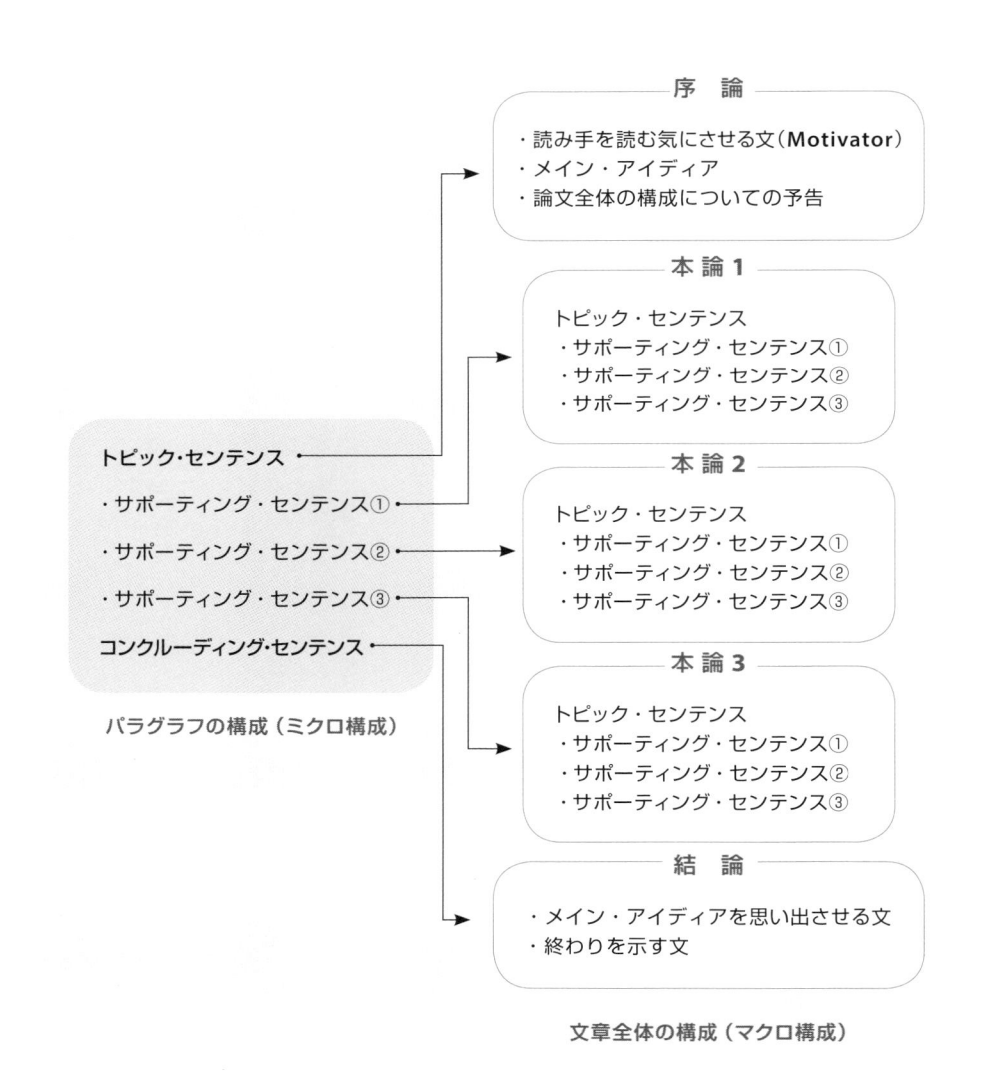

図4　ミクロ構成とマクロ構成

もう気がついたと思いますが，文章全体のマクロ構成とパラグラフのミクロ構成は，とても似ていますね。文章全体のマクロ構成の序論の働きや位置づけは，パラグラフのミクロ構成のトピック・センテンスに相当します。また，マクロ構成の本論は，ミクロ構成のサポーティング・センテンスに相当し，マクロ構成の結論は，ミクロ構成のコンクルーディング・センテンスに相当します。

　図4をもう一度よく見てみてください。マクロ構成(図4の右)には縦に5つのパラグラフが並んでいますが，本論1，本論2，本論3のパラグラフにはコンクルーディング・センテンスがありません。一方，パラグラフ1つで伝えたい内容(メイン・アイディア)についての話が完結する場合(図4の左：ミクロ構成)には，まとまりや終わりを示すためにコンクルーディング・センテンスを置きます。しかし，複数のパラグラフでメイン・アイディアを述べる場合(図4の右：マクロ構成)は，本論の3つのパラグラフで1つのメイン・アイディアをサポートするので，まとまりや終わりを示すコンクルーディング・センテンスを各パラグラフの最後に置く必要は必ずしもないのです。ずいぶん機能的だと思いませんか。日本式の「段落」の概念とはだいぶ違いますね。

　最後に，マクロ構成においても，メイン・アイディアの一貫性を保つことが大切です。つまり，途中で意見を変えず，最初(序論)と最後(結論)できちんとメイン・アイディアを一貫させることです。Good writing の要素の1つは，この一貫性です。常に一貫性と構成を意識しながら書くと，途中から話が脱線したり，結論がずれてしまったりするのを防ぐことができます。

6. メタ言語

　マクロ構成(図4)では，パラグラフの最初または最後に「メタ言語」というものがよく使われます。メタ言語とは，本文の内容とは直接関係のない，文章の展開を理解しやすくするような機能をもつ表現や説明のことです。

　メタ言語には，形式面からみると，「まず」「以上のように」のような語・句レベルのものと，「次に〜について説明する」「以上，3つの観点から検討した」のような文レベルのものがあります。

　さらに，機能面からみると，「予告のメタ言語」と「まとめのメタ言語」に分けられます。「予告のメタ言語」は，「次に〜について述べる」のように，ガイド的な役割を果たします。「以下，3つの観点から比較する」とあると，読み手はこの後，3つの観点から比較されるんだなと思って読み始めるのです。一方，「まとめのメタ言語」は，「以上，〜について述べた」のように，締めくくりの役割をし，それまで書かれていたことを読み手に思い出させます。

以下の図5〜図9は，図4のマクロ構成の図をばらばらにしたものです。例えば，論証モードの文章を考えてみましょう。メイン・アイディア(主張)の理由を各パラグラフで説明していくとします。序論は図5のような構成になります。序論の「予告のメタ言語」はパラグラフの最後にくるのが一般的です。

序　論

読み手を読む気にさせる文（Motivator）
メイン・アイディア
予告のメタ言語（論文全体の構成についての予告）
(例)以下では，その3つの理由について述べる。

図5　序論のパラグラフの構成と予告のメタ言語

それに続いて，本論の第1パラグラフで，1つ目の理由について述べるとすると，ここでは，「まず第1の理由として」と断るのが予告のメタ言語です。そして，それに続けて，その理由を簡潔に「トピック・センテンス」として述べます(図6)。

本　論1

予告のメタ言語（例)まず第1の理由として，…トピック・センテンス
　　・サポーティング・センテンス
　　・サポーティング・センテンス
　　・サポーティング・センテンス

図6　本論の第1パラグラフの構成と予告のメタ言語

その次のパラグラフでは，同様にして，2つ目の理由について述べます(図7)。

本　論2

予告のメタ言語（例)第2の理由として，…トピック・センテンス
　　・サポーティング・センテンス
　　・サポーティング・センテンス
　　・サポーティング・センテンス

図7　本論の第2パラグラフの構成と予告のメタ言語

本論の第3パラグラフも，同様に「最後に」あるいは「第3の理由として」などと予告のメタ言語を入れ，それに続けて，理由を「トピック・センテンス」として述べます(図8)。

本論 3

予告のメタ言語（例）最後に，…　トピック・センテンス
　　　・サポーティング・センテンス
　　　・サポーティング・センテンス
　　　・サポーティング・センテンス

図8　本論の第3パラグラフの構成と予告のメタ言語

　最後の「結論」のパラグラフでは，今度は，最初に「以上述べたように，〜」や「以上，〜について述べた」などの「まとめのメタ言語」を入れると，終結に向かうことが明示され，文章がしまります(図9)。

結　論

まとめのメタ言語（例）以上，〜について述べた。
　　　・メイン・アイディアを思い出させる文
　　　・終わりを示す文

図9　結論のパラグラフの構成とまとめのメタ言語

　ここで説明した「メタ言語」は全て例にすぎませんが，基本を押さえておくことが重要です。メタ言語を加えることによって，文章は読みやすくなります。ただし，使い過ぎるとくどくなり，文章全体がメタ言語のような印象を与えてしまいますから，全体的なバランスが大切です。メタ言語は長い文章で使うと大変効果的です。PART III の Lesson 4 で説明しています。

　以上，パラグラフの構成(ミクロ構成)，文章全体の構成(マクロ構成)，メタ言語について説明しました。最後に，PART I のまとめとして，CHALLENGE! にチャレンジしてみてください。

CHALLENGE!

　TRY! ❷(p.25)で考えたタイトルについて，各モード（ナラティブ，描写，説明（5つのタイプのうち，どれか1つ），論証）のパラグラフを1つずつ，5文程度で書いてみましょう。まず，トピック・センテンスを考えます（Lesson 3 の 2.）。そして，それを支えるサポーティング・センテンスを書き（Lesson 3 の 3.），最後にコンクルーディング・センテンスを書きます（Lesson 3 の 4.）。情報収集する際には，インターネットや本など，何を参照しても構いません。

　ナラティブ　　タイトル：

　描　写　　タイトル：

　説明（タイプ：　　　　　　）　タイトル：

　論　証　　タイトル：

Passport to the PART II

PART I で勉強してきたのは，以下のことです。

① Good writing に必要なこと：誰に向かって，何を，どのモードを使って，どのような流れで，どのような場で（どこに）

② 文章の種類と目的：レトリカル・モード

③ 文章の構成：パラグラフ，トピック・センテンス，サポーティング・センテンス，コンクルーディング・センテンス，ミクロ構成とマクロ構成，メタ言語

PART II では，上の①②③をモード別に学習していきます。

①②③を身につけた皆さんには PART II へのパスポートが手渡されました。次のゲートへ進みましょう。

PART II

パラグラフ・ライティング：
文章の種類と構成を意識しよう

Lesson 1

ナラティブ

　ここから，本格的にパラグラフ・ライティングの勉強を始めましょう。まずここでは，「ナラティブ・モード」について学びます。Lesson 1-1 では「客観的報告のナラティブ」について，Lesson 1-2 では「自分について語るナラティブ」について学びます。

◆「ナラティブ」とは

　ナラティブとは，ある一連の出来事を時間軸に沿って展開する文章です。例えば，「ももたろう」「赤ずきんちゃん」のような物語，歴史的事実を述べる文章や新聞の報道記事などです。時制は一般的に過去（例文中の下線）になり，時間の流れを表す表現が使われます。

　最も基本的なナラティブは，次の「ももたろう」のような昔話です。時間軸に沿って物語が展開することを確認してください。

> 昔昔，あるところに，おじいさんとおばあさんが <u>住んでいました</u>。
> おじいさんは 山へしばかりに，おばあさんは 川へせんたくに <u>行きました</u>。
> おばあさんが 川でせんたくをしていると，ドンブラコ，ドンブラコと，大きなももが <u>流れてきました</u>。
> 「おや，これは よいおみやげが できたわ」
> おばあさんは 大きなももを拾いあげて，家に <u>持ち帰りました</u>。

　ナラティブ・モードは，子供がことばを覚え始めたときにも現れます。例えば，次の例のような話し方です。

> きのうね，○○ちゃんがね，ブーブー<u>たたいたの</u>。そしたらね，ママがだめって <u>言ったの</u>。それで，○○ちゃん，<u>泣いちゃったの</u>。………

　ちょうど日記を書くときのように，起きたことを淡々と綴っていけばよく，子供が最初に使うことからも，他のモードに比べ，認知的に負荷の低い（頭をあまり使わなくてもよい）モードだと言えるかもしれません。

このようなナラティブ・モードですが，大学においても社会に出てからも使う機会がたくさんあります。その場合には日記とは違って読み手が想定されるほうが普通です。例えば，日本や外国で起こった歴史的事件について大学の授業でレポートを書いたり，自分や同僚が行った業務を上司に報告したりする，といったような場合です。さらに，ソーシャル・ネットワーキング・サービス（SNS）で自分の経験を友達に伝えるときも，ナラティブ・モードが使われるでしょう。そのような機会に，適切で効果的な文章を書くために，ここでは，「客観的報告のナラティブ」と「自分について語るナラティブ」を学習します。

Lesson 1-1　客観的報告のナラティブ

1.「客観的報告のナラティブ」とは

　ここで学ぶ「客観的報告のナラティブ」は，新聞記事や活動報告のような，起こった出来事や自分が行ったことを，事実として客観的に正確に伝えるための文章です。時制は一般に過去形が使われ，時間の流れを表す表現が使われるという点は，さきほど見た「ももたろう」と同じで，そう難しいことではありません。しかし，「客観的に」「正確に」という点が異なります。例として，新聞記事でよく目にするような文章（**サンプル①**）を取り上げます。第2パラグラフと第3パラグラフを見てみましょう。時間軸に沿って話が展開し，過去形（本文中の下線）が使われていることを確認してください。

サンプル①

　　東京スカイツリーが2012年5月22日開業した。ツリーの足元には，商業施設「東京ソラマチ」やプラネタリウム，水族館などがあり，それらも同時開業した。多くの人で賑わったものの，午後には予期せぬトラブルにも見舞われた開業日となった。

　　東京の新名所のオープンセレモニーは，雨の中，午前9時20分から<u>行われた</u>。テープカットとツリー本体の開場式の後，午前10時50分には，招待客らが高さ350メートルの第1展望台（天望デッキ）へと<u>登った</u>。正午からは一般客も展望台へ入場し，午後4時には来場者数は約12万人を<u>数えた</u>。

　　雨模様の中，順調に営業が<u>続けられていたが</u>，その後トラブルが<u>起きた</u>。強風が吹いたため，午後5時15分頃，安全を考慮して，第1展望台と第2展望台（天望回廊・高さ450メートル）を結ぶエレベーターを23分間停止させることと<u>なった</u>。そのため，予約をしていた客の中には第2展望台に上がれない人も<u>出た</u>。結局，第2展望台は午後10時の営業終了時刻を前倒しして，午後7時36分に営業を中止することと<u>なった</u>。

　　波乱の開業日だったが，商業施設も含めて22万人近くが来場し，多くの人々の注目を集めて初日を終えた。

2.「客観的報告のナラティブ」の分析

「客観的報告のためのナラティブ」のもう1つの例として,「活動報告」の文章を見てみましょう。サンプル②は,ある大学のサークルが大学の学生新聞に掲載した活動報告です。

サンプル②

活動報告　東海ラジオ番組収録

　マスコミ業界研究グループは昨年、東海ラジオの番組「サンデー・マカロン」の中で、キャンパスライフを送る学生や留学生をインタビュー形式で紹介する、「WE LOVE NUFS」というコーナーを放送した。今年はそれに続き「サタデー・ショコラ」(毎週土曜、15時00分〜18時00分)の中で、再びコーナーを持たせていただけることになった。(17時35分から10分間、2011年7月9日〜10月15日)

　第一回の放送に先立ち、本学の一室にてインタビューの収録が行われた。東海ラジオの番組スタッフの皆さんと録音機器が入り、ピンと張り詰めた空気の中で録音が始まった。思わず息をひそめ、身を硬くしてしまう雰囲気であった。収録は、より親しみを感じてもらえるようなコーナーにしようと、リスナー目線で何度も話し合いを重ねながら進んでいった。

　そして後日、東海ラジオのスタジオにて、収録した音声の編集作業を行った。メンバーは編集過程や機械、用語などの指導を受けた。また、聞こえてくる音声に全神経を集中させ、編集画面を食い入るように見つめていた。編集作業初体験のメンバーは、慣れない様子でおそるおそる機械に触れていたが、指導を受け、反復するうちに手つきがスムーズになっていった。そして作業を終えたメンバーの顔は達成感で輝いていた。

　この体験を通してメンバーは情報を発信すること、「伝える」ということを間近で感じることができただろう。少なくとも、メンバーにとって貴重な体験だったことは間違いない。

◆ マクロ構成

　サンプル②は全部で4つのパラグラフで構成されています。第1パラグラフが序論,第2パラグラフと第3パラグラフが本論,第4パラグラフが結論です(図10)。
　序論では,これから報告しようとする活動の概略を説明しています。サークルが,あるラジオ番組の1コーナーを担当したという内容が簡潔に書かれています。本論ではその放送の準備活動として,収録と編集の様子を報告しています。そして,結論ではこのラジオ番組のコーナーの制作の意義を伝えて,文章を終えています。

```
序 論： 報告する活動の概略
         ▼
本 論： 収録の様子
        編集の様子
         ▼
結 論： 活動の意義
```

図10　サンプル②のマクロ構成

◆ ミクロ構成

本論の2つのパラグラフを詳しく見てみると，それぞれのパラグラフの冒頭の文がトピック・センテンスになっていることが分かります。以下の2つの文です。

・第一回の放送に先立ち、本大学の一室にてインタビューの収録が行われた。
・そして後日、東海ラジオのスタジオにて、収録した音声の編集作業を行った。

どうでしょうか。どんな活動を行ったのか簡潔に述べてあり，これを読んだだけで活動内容の概略がつかめます。また，この冒頭の文以降はそれぞれの活動が詳細に述べられており，トピック・センテンスの内容をしっかりサポートする文が続いています。

3.「ナラティブ」の表現

◆ 時間の流れを示す表現

ナラティブ・モードは時間の流れに沿って書くわけですから，当然，「時間の前後関係」を示すための表現が使われます。基本的な表現として，例えば，以下のようなものがあります。

〜の前に，〜の後で，〜の間に，これに先立ち，あとから，それから，次に，その後，最後に

サンプル②では，　　で示したような表現「〜に続き」「〜に先立ち」「後日」が「時間の前後関係」を示す表現ですね。本文に出てきた表現以外に，「時間の前後関係」を示す表現にはどんな表現があるでしょうか？

◆ 過去形

サンプル②の序論，本論では動詞の過去形が使われています。下線のついた動詞を見てみてください。これらは過去に起こったことを時間軸に沿って表現しており，「ナラティブ・モード」の典型的表現だと言えます。

◆ モダリティ表現

一方，結論では文末に過去形が使われず，「だろう」や「間違いない」という表現（本文中の波線（～～～）の部分）で文が終わっています。このような表現はモダリティ表現と呼ばれています。モダリティ表現とは，今述べている事柄・出来事に対しての書き手の気持ちを表す表現です。例えば「だろう」は，その文で述べている事柄・出来事に対する筆者の推測を表しています。こういった表現は筆者の気持ちを表す主観的な表現であるため，曖昧さをもたらします。この文章においても，モダリティ表現が使われているのは書き手の意見や感想を述べる結論部であり，その前の本論に書かれた報告の中には使われていません。報告は客観的に行わなければならないからです。

CHALLENGE!

それでは，みなさんも，実際に客観的報告のナラティブの文章を書いてみましょう。次のようなタイトルを考え，皆さんがSNS（Facebookなどのコミュニティ型のサイト）で友達に活動・体験を報告する文章を600字程度で書いてください。

タイトル：
「私の○○体験報告」「私の○○参加報告」「私の○○活動報告」など

○○の例：
アルバイトの面接，復興支援ボランティア，就活のセミナー，初めての九州旅行など

注意点：
- ▶ 構成（マクロ構成・ミクロ構成）と表現（時間の流れ・過去形・モダリティ表現）を工夫しましょう。
- ▶ 「何をしたか」を客観的に報告することに徹しましょう。主観的なこと（感想など）は結論で少し触れる程度にします。
- ▶ 読み手は，書き手と一緒に活動に参加していない人を想定します。

Lesson 1-2　自分について語るナラティブ

1.「自分について語るナラティブ」とは

　ここまで,「客観的報告」のナラティブ・モードについて学んできましたが,実際には,ナラティブ・モードはもっといろいろな文章に使われています。

　ここでは,「客観的報告」ではなく,「自分について語るナラティブ」の文章を学習します。このようなジャンルはクリエイティブ・ノンフィクション（creative non-fiction）と位置付けることもできます。つまり,フィクション（虚構）ではなく事実だけれども,客観的というよりはクリエイティブ（創造的）で,ちょっと文学的な文章です[*13]。

2.「自分について語るナラティブ」の分析

　サンプル③,④は,プロンプト[*14] A に対して学生たちが書いたものです。最初に紹介するサンプル③は重い内容ですが,親友の死から「命」について考える文章となっています。まずは読んでみてください。

プロンプト A

　大学の学生新聞から,「自分を変えた出来事」についてのエピソードを紹介する文章を執筆する依頼を受けました。本文800字程度で書いてください。

サンプル③

命

M Y

　私が初めて命の尊さを感じたのは高校3年の初夏、親友の死だった。私が通っていたクラスは国公立大学や難関私立大学への進学を目指す特別進学コースで、当時は大学受験に向けて全員が必死に勉強していた。親友である彼は思うように成績が上がらず、彼の母親によると、受験のプレッシャーに耐え切れなくなり自宅マンションから飛び降りたそうだ。

[*13] ひとりごと　筆者は,アメリカの大学の creative non-fiction の授業に出て,ライティングの面白さを知りました。無味乾燥になりがちな事実の記述をいかに魅力的に書くかというのは,1つのチャレンジだと思います。

[*14]「プロンプト」とは「文章を執筆する際の課題文と指示文」のことです。PART Ⅳ に本書のサンプルのプロンプトが全て掲載されています。

翌日、教室に彼の姿はなく、生徒の一人が先生に尋ねると、先生は静かな口調で亡くなったと告げた。私は、彼の変調に気づいてあげられなかった自分を責めた。

　彼と初めて言葉を交わしたのは入学式。偶然にも私の横の席が彼だった。サッカー経験者という共通点から意気投合した私たちは3年間、同じクラスで同じ授業を受けた。誰からも愛される人柄で、クラスに欠かせない存在だった。

　そんな彼の突然の死に、戸惑いを越え頭の中が真っ白になった。私に相談しなかった彼に対する怒りと、彼の変調に気付いてあげられなかった自分への怒りが私を激しく襲った。しかし、告別式で見た安らかに眠る彼の表情は、今まで通りだった。式の後、彼の母親がクラス全員に「この子の分まで皆さんは勉強を頑張って、自分の夢を実現させてください」と、合格祈願の鉛筆と消しゴムをくれた。その瞬間、こらえていた涙が溢れ、彼が死んだことを実感した。

　現在、日本における一年間の自殺者数は3万人を超える。経済発展や教育の充実により、教育の質は向上したのかもしれない。しかし、最も充実させるべき課題は、だれにも相談することなく、孤独の中で死を選択した親友のような人を増やさないための、心のケアである。もし、悩んでいる人がいたら話を聞いてあげるだけでも、その人の心の負担は軽くなるに違いない。あの時の鉛筆と消しゴムを見る度に、二度と親友のような人を出してはならないとの思いを強くするのである。

　サンプル③の構成は、序論(第1パラグラフ)、本論(第2～第4パラグラフ)が過去形で、結論(第5パラグラフ)が現在形をとることできれいにまとまっています。序論・本論(第1～第4パラグラフ)は事実を書いているので過去形(本文中の下線)になり、結論(第5パラグラフ)は、友人の死を通して筆者が「命」について現在考えていることを表しているので、現在形が使われています。序論・本論がまさにナラティブの文章です。

　序論は背景を説明しています。冒頭の「私が初めて命の尊さを感じたのは高校3年の初夏、親友の死だった」は、その次の文に続く時間的順序を示すナラティブではなく、序論、本論全体を受けてのまとめで、トピック・センテンスになっています。

　第2パラグラフは序論の最後の文で起こったことから時間的に引き続いたことを述べています。「彼と初めて言葉を交わしたのは入学式」で始まる第3パラグラフは、第2パラグラフに時間的に続くものではなく、映画のフラッシュバックのように時間がそれ以前に戻っています。しかし、このパラグラフの中では時間的順序で書かれています。第4パラグラフの最後の文、「彼が死んだことを実感した」は、冒頭のトピック・センテンスにつながる文です。

結論には，筆者の想いが書かれていますが，最後の文，「あの時の鉛筆と消しゴムを見る度に，二度と親友のような人を出してはならないとの思いを強くするのである」は，冒頭のトピック・センテンスに呼応しています。このように，良い構成とは，序論，本論，結論が明確で，それぞれが有機的につながっているものだと言えるでしょう。また，この文章の冒頭のトピック・センテンスは衝撃的ですが，まさに文章全体のメイン・アイディアを示しています。

　次に，**サンプル④**を読んでみてください。これも「自分を変えた出来事」というテーマ（プロンプトA）に対して学生が書いたものです。

サンプル ④

人との接し方を変えた言葉

A S

　「あなたはなぜ、蝶を思いやる優しい心を持っているのに、A君には優しくできないのでしょう。」

　私が小学校四年生の時に、担任教師からかけられた言葉です。この言葉は、私の胸に深く突き刺さり、今でも時々チクリと痛みます。

　当時、私はA君をいじめていました。あからさまに無視を決め込み、彼の周りを避けて通る。今考えると恥ずかしいことばかりをしていました。担任教師にも何度か注意を受けましたが、私のいじめは収まることがなく、教師のほうも手を焼いていたようです。毎度、教師が言う「今度A君にごめんって言おうね。」の言葉にうなずき返すものの、一度も彼に謝ったことはありませんでした。今更謝れない、と子どもながらに生意気なプライドがあったのだろうと思います。

　そんなある日、いつものように友人と帰り道を歩いていると、蝶がクモの巣に引っ掛かっているのを見つけました。私と友人は蝶がかわいそうになり、クモの糸をはらって蝶を助けてあげました。その日はにこにこしながら家に帰ったのを覚えています。そして、その出来事を誰かに伝えたくて、「あゆみ」という日記に書きました。「あゆみ」は、私の小学校で必ず書かされる日記です。毎日教師に提出し、コメントと花丸をもらうのが当時の私の楽しみでした。

　一連の出来事を書いた次の日、私は教師から返却されたあゆみを、意気揚々と開きます。いつものように大きな花丸。しかし、その横のコメントを見て、私は息が詰まりそうになりました。「あなたはなぜ、蝶を思いやる優しい心を持っているのに、A君には優しくできないのでしょう。」

　その言葉は、なぜいじめをしてはいけないかを理論的に語るどんな言葉よりも私に響きました。いじめっ子は悪い子、と決めつけるのではなく、いじ

める子のなかにも優しい気持ちがあることを、教師は私に気づかせてくれたのです。次の日の掃除の時間に、私は初めてA君に「ごめん」と言うことができました。

　この出来事があって以来、私は常に自分のなかに優しい気持ちがあることを忘れないようにし、それを人と接するときの基本としています。

　サンプル④は，小学校での思い出を今振り返っています。過去のことを思い出しながら語っていますが，数カ所，「歴史的現在」という手法も使われています。これは，過去のことを現在形で語ることによって，生き生きとさせる効果があります。「彼の周りを避けて通る」は，「彼の周りを避けて通りました」と書くと，ただただ語るだけですが，現在形を使うと，読み手ははっとします。「一連の出来事を書いた次の日、私は教師から返却されたあゆみを、意気揚々と開きます。」の「意気揚々と開きます」も，まるで今開いているような光景が浮かびませんか。過去のことを時間的順序で語るのがナラティブですが，「自分について語るナラティブ」では，ときに「現在形」を用いて，読み手をはっとさせるのが1つのテクニックです。また，「子どもながらに生意気なプライドがあったのだろうと思います」や「その日はにこにこしながら家に帰ったのを覚えています」は，過去のことについて「今，思います」や「覚えています」と振り返って自己確認，説明をしています。このように，ナラティブは，過去のことをそのまま語るのですが，ときに現在形を用いて過去と現在の私を織り交ぜて語ると，より生き生きと語ることができます。

3.「ナラティブ」の表現

◆ 時間を示す表現

　サンプル③，④に使われている時間を表す表現（本文中の　　）は，順に，サンプル③では「翌日」「式の後」「現在」で，サンプル④では「今でも」「当時」「そんなある日」「次の日」「この出来事があって以来」です。テーマが「自分を変えた出来事」なので，過去の時間的順序を示す表現だけでなく，過去から現在に戻すための表現，つまり，「現在」や「この出来事があって以来」などが使われています。

◆ モダリティ表現

　モダリティ表現とは，p. 42でも述べたように文末につける書き手の気持ちを表す表現です。また，過去のことを語る際に，文末に過去形を並べると単調になると思われるときにも用いられます。サンプル③，④に使われているモダリティ表現（本文中の　　）は「飛び降りたそうだ」「手を焼いていたようです」「気づかせてくれたのです」

などで,「飛び降りた」「手を焼いていた」のような過去形の後に, モダリティ表現「そうだ」「ようです」が現れ, 文末に過去形が続く単調さを避けることができます。その他, サンプル③の最終段落,「経済発展や教育の充実により、教育の質は向上したのかもしれない」「その人の心の負担は軽くなるに違いない」の「かもしれない」「に違いない」などもモダリティ表現で, 筆者の主観的な思いを表しています。日本語はモダリティ表現が豊富で, ここに紹介したサンプル③, ④のようなクリエイティブ・ノンフィクションでは効果的ですが, アカデミック・ライティングの典型であるレポートや論文では, 曖昧さをもたらす「そうだ」「らしい」「かもしれない」などは一般的には使いません。

モダリティ表現

▶ 今述べている事柄・出来事に対しての書き手の気持ちを表す表現で, 文末に付く
　例:「教育の質は向上したのかもしれない。」

▶ 文末に過去形が続くことを避けることができる

▶ 主観的な表現なので, 客観的な記述, 特にアカデミック・ライティングやビジネス・ライティングには一般的には用いない

CHALLENGE!

　それでは, みなさんも, 実際にナラティブの文章を書いてみましょう。サンプル③, ④と同じ「自分を変えた出来事」(プロンプト A)ないしは, 以下の「自分の人生を変えた人との出会い」というテーマ(プロンプト B)で書かれたサンプル⑤を参考にして, 800字程度で書いてください。

Cf. 「自分の人生を変えた人との出会い」

　サンプル⑤も, サンプル③, ④と同じくナラティブの文章です。以下のプロンプト B に対して学生が書いたものです。ここにも, サンプル③や④と同様, モダリティ表現が多く使われています。また, 感情を伴いながら思い出しつつ書かれているので, パラグラフ間は時間的順序になっていませんが, 同一パラグラフ内では, 時間的順序に沿って書かれています。参考にしてください。

プロンプト B

大学の学生新聞から,「自分の人生を変えた人との出会い」についてのエピソードを紹介する文章を執筆する依頼を受けました。本文800字程度で書いてください。

サンプル ⑤

旅先で出会う優しさ

H S

　高校二年生の修学旅行で、私は九州を訪れた。初めて訪れた九州は目新しいものばかりで、友達と過ごした日々は、私にとって今でも心に残っている。

　その旅行で一人の女性との繋がりが出来た。顔すら知らないこの女性は、私の人生の価値観を変える女性であった。

　修学旅行は無事に終わったように思えたが、私は大きな落し物をしてしまったことに地元に帰ってから気がついた。その落し物は眼鏡であった。昼間はコンタクトを使用しているため使わないが、夜や目が疲れた時に眼鏡を使用する私にとっては一大事であった。急いで学校を通して旅館やバス会社に連絡したものの見つからず、半ば諦めた時、電話があった。私の眼鏡ケースを拾ってくれた女性が、ケースに書かれていた自宅の番号に電話をしてくれたのである。電話の声は落ち着いた五十歳すぎと思われる優しい声であった。それから、眼鏡ケースを遠く離れた私の地元まで宅配で、九州の特産品まで入れて送ってくださった。同封されていた手紙に「これであなたの旅がいい思い出に変わればよいと思います」と書かれていた。眼鏡が見つからなければ、修学旅行も苦い思い出になっていたに違いない。そのことがきっとこの女性にはわかっていたのだろう。しかし、わかっていても実際に届けてくれるような人は少ない。顔も知らない歳も離れた私に、こんなによくしてくださった。人の優しさに触れた、大きな出来事であった。私もこのように見ず知らずの人にも優しくなれればいいな、と思えた出来事であった。

　その女性とは、今も文通をしている。歳が離れた友達のような関係であるが、母のように私を見守ってくれてもいるのだろう。私の過失である落し物で、このような素敵な女性と出会えた。私はこれから人との関係を大事にしていきたいと思う。それがこの女性が教えてくれた、私の一番の財産である。

タイトル：

　書き終わったら，クラスメートと交換してください。最初は少し気恥ずかしいかもしれませんが，読んでもらって，共感が得られる箇所や分かりにくい箇所を指摘してもらいましょう。この Lesson の文章は，他の Lesson とは異なり，文学的文章に近いところもあるのですが，できるだけ客観的に自分や自分の周りのことを見つめ，それを読み手に分かりやすく表現する練習は大切です。効果的で魅力的な文章にするためには，構成，表現などにどのような工夫が必要か，話し合ってください。

Lesson 2

描 写

ここでは，「描写モード」について学びます。Lesson 2-1 では「客観的描写」について，Lesson 2-2 では「心情を重ねた情景描写」について学びます。

◆「描写」とは

描写モードは描写文で使われます。描写文とは，読み手が知らない物・人・状況・場所が「どのようなものか」，「どのような印象か」を描写する文章です。

例えば，以下のような場合です。

例

物の描写の例：ある商品のレビューに出てくる製品の外観の描写

　この携帯電話は全体の色が黒で，重さは従来の機種より 5 グラム軽いです。また，これまでの機種よりも通話品質が向上し，データ通信速度も高速です。

　今回取材した，名古屋グルメの一品「あんかけスパゲッティー」には，麺の上にドロっとした「あん」がかかっていて，ブラックペッパーが効いています。「あん」は固形スープのような濃い味です。具としてはハムや卵が入っていて，ボリュームたっぷりです。

人物の描写の例：インタビュー記事に出てくる人物の外見の描写

　今からこのトークショーのステージに登場していただく女優の丸山洋子さんは，モデル出身の 25 歳で，身長が 170 センチあります。身長が高い丸山さんは，どんなデザインの服でもよく似合います。ヘアースタイルはショートカットで，耳元の大きめのピアスがよく映えます。

風景描写の例：ガイドブックに出てくる街の様子や風景の描写

　名古屋は広い街路が碁盤の目のように張り巡らされている街だ。道幅が広く，片側 5 車線の道路も少なくない。特に，若宮大通と久屋大通は「100 メートル道路」と呼ばれ，その道幅の広さで有名である。

実況中継の例：大きなイベントのような出来事や天候などの状況の実況
　現在，東京中心部は雨風が非常に強く，道行く人々は傘をさせない状態で歩いています。

グラフの描写の例：何かについて分析するためにグラフを読み取る際のグラフの説明
　図1は日本の18歳〜34歳までの未婚率のグラフで，2000年以降の結果が示されています。全体として，右肩上がりに上昇を続けています。

　描写モードの文末には，状態を表す表現が使われます。例えば，「名詞＋だ・です」，「形容詞」，「形容動詞」です。上の例ではどんな表現が使われていますか。探して書き出してみましょう。

```
┌─────────────────────────────────────┐
│                                     │
│                                     │
│                                     │
└─────────────────────────────────────┘
```

　また，「動詞」も使われていますが，「状態を表す動詞」が多く使われています。
- ▶ あります
- ▶ 似合います
- ▶ 映えます
- ▶ 呼ばれ（受身）
- ▶ 示されています（受身）

　「動きを表す動詞」も多く使われますが，その場合は「動きを表す動詞」＋「ている」の形になって，状態を表します。
- ▶ かかっています
- ▶ 効いています
- ▶ 入っていて
- ▶ 歩いています
- ▶ 続けています

Lesson 2-1　客観的描写

1. 地図の描写

　まず，客観的描写の典型的な例である「地図の描写文」を見てみましょう。以下のサンプル⑥は地図（図11）の描写文です。

サンプル⑥

　　この地図は，スペインの首都，マドリードの中心部の地図です。地図の上方向が北です。南北約1.2km，東西約2kmの範囲を示しています。

　　地図の中心に★の記号があります。この場所は「太陽の門（Puerta del Sol）」という広場です。マドリード州の州庁舎がこの広場にあります。広場にはスペインの国道の起点があり，マドリードだけでなく，スペインの中心とも言えます。

　　ここから放射状に道が伸びています。「太陽の門」から北西に伸びる通りは「アレナル通り」です。大道芸人がたくさんいて，にぎやかです。しばらく行くと「イサベル広場」という小さい広場があります。「イサベル広場」からさらに南西に進むと，大きく美しい王宮に出ます。

　　「太陽の門」から南西に伸びる通りは「マヨール通り」です。銀行や店がたくさん軒を連ねています。この通りを少し横にそれると「マヨール広場」があります。長方形の広場で，商店やレストランやカフェが1階に入った集合住宅に囲まれています。レストランやカフェでは観光客や地元の人がのんびりとおしゃべりや食事を楽しんでいます。

　　「太陽の門」から南東へ伸びる通りは「コルテス通り」です。進んで行くと「コルテス広場」があり，「プラド通り」に突き当たります。広場に面して大きなホテルや美術館が建っており，高級感が漂います。広場の向こうには有名な「プラド美術館」もあります。

　　このように，マドリードの中心部には歩いて行ける範囲に多くの観光名所があります。地図を片手に観光を楽しむ人や地元の人でいつも夜遅くまで賑わっています。

図11　マドリード中心部の地図

「地図の描写文」の表現にはどんな特徴があるでしょうか。描写文で描写対象になるものは、広がりのある平面的なものや立体的なものであることが多いので、以下の「描写文のルール」に従って書いていきます。

描写文のルール

①全体的な情報・大きい情報から述べ、そのあとで各部分について述べる。
　　概要から詳細　／　全体から部分　／　大きい情報から小さい情報
②各部分について、どのような方向から描写するか考える。
　　各部分の中でどの部分が重要かを考え、重要な部分から述べていく。
　　　右から左（左から右）　／　上から下（下から上）　／
　　　手前から奥（奥から手前）　／　中心部から外縁部（外縁部から中心部）

---

2. グラフの描写

　では、客観的描写のもう1つの典型的な例として「グラフの描写文」を取り上げてみましょう。グラフがどのような形をしているかを描写します。このような文章はグラフを読み取って、ある事象について分析・考察する際に書かれます。グラフをどのように読み取ったかを述べることは、なぜそのような分析・考察に至ったのかを示すために大切です。

　図12は生涯未婚率の年次推移を表しています。このグラフを描写してみましょう。

(%) ● 女性　● 男性

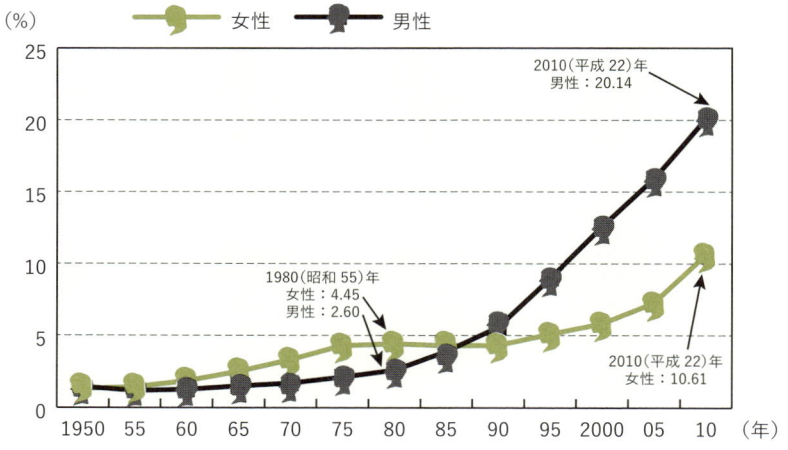

2010（平成22）年
男性：20.14

1980（昭和55）年
女性：4.45
男性：2.60

2010（平成22）年
女性：10.61

1950　55　60　65　70　75　80　85　90　95　2000　05　10　（年）

資料：国立社会保障・人口問題研究所「人口統計資料集（2012年版）」
注：生涯未婚率は、45-49歳と50-54歳未婚率の平均値であり、50歳時の未婚率。
http://www8.cao.go.jp/shoushi/shoushika/whitepaper/measures/w-2012/24webhonpen/html/b1_s2_1_2.html

図12　生涯未婚率の年次推移

サンプル⑦

　このグラフは，1950年から2010年までの「生涯未婚率の年次推移」を表したものである。このグラフにおける「生涯未婚率」とは，「45～49歳と50～54歳の人たちの未婚率の平均値」を指している。グラフでは，男女別の生涯未婚率が示されている。

　グラフ全体を見ると，まず，男女ともに生涯未婚率が急激に上昇している。このことから，男女とも以前に比べて結婚しない人が増えていることが分かる。これは，日本人の結婚に対する考え方の変化を反映していると考えられる。つまり，日本社会の中で，「男女は結婚しなければならない」という考えが減ってきているということである。

　また，グラフの男女の違いを見ると，男性は1980年に2.60％だった生涯未婚率が，2010年には20.14％にまで上昇している。10倍近い増加である。また，女性は1980年に4.45％だった生涯未婚率が，2010年には10.61％となり，2倍以上増加した。男性の生涯未婚率のほうが遥かに高くなっている。これは，日本や日本人の経済状況の変化が影響していると考えられる。特に結婚しない男性が増えているのは，結婚観の変化に加え，経済的に苦境に立たされる男性が増えていることが理由として推測される。

　以上，このグラフから，結婚に対する日本人の意識や経済状況の変化が生涯未婚率に反映していることが推察された。今後も生涯未婚率は日本や日本人の経済状況に応じて変化していくだろう。また，女性は1975年から1990年にかけて生涯未婚率の上昇が止まっていたが，近年男性の生涯未婚率が増

えているので，結果的に女性の生涯未婚率も増えていくと考えらえる。また，現在のような状況が今後続けば，男女とも単身で老後を迎える人が増えることから，社会保障制度を変えていく必要があるだろう。

◆ **マクロ構成**

文章全体の構成を見てみましょう（図13）。

まず，序論にはグラフの概要が書かれています。どんなデータについてのグラフなのか，データの定義が書かれています。次に，本論ではグラフの詳細が書かれています。2つのパラグラフがあります。1つ目はグラフ上の2本の折れ線の全体的な動きを説明し，分析しています。2つ目はグラフ上の2本の折れ線の特徴を男女間で比べて描写し，分析しています。最後に，結論では本論で描写したグラフの折れ線の動きや特徴から，「生涯未婚率」や日本の社会状況などについて分析・考察し，今後の見通しを述べて，文章全体が終わっています。

序論： グラフの概略
　　　データの概要・データの定義

本論： グラフの詳細
　　　グラフの全体的な描写と分析
　　　グラフの詳細な描写と分析

結論： まとめ
　　　まとめと今後の見通し

図13　サンプル⑦のマクロ構成

この三部構成では，まず序論でグラフの全体的な情報を述べ，次の本論でグラフの詳細を論じています。このように，「全体から詳細へ」という描写文のルールが守られています。グラフを見て目立つところからいきなり説明するのではなく，まず序論でグラフについての情報を示し，グラフ全体の情報を読者に提示するようにします。目立つところやグラフの大きい変化は，本論で詳細に述べるようにします。

◆ ミクロ構成

　各パラグラフの構成を見てみましょう。どのパラグラフもまずトピック・センテンスがあり、そのパラグラフで何を述べるのか、はっきりとさせています。各パラグラフのトピック・センテンスを取り出してみましょう。

- このグラフは、1950年から2010年までの「生涯未婚率の年次推移」を表したものである。
- グラフ全体を見ると、まず、男女ともに生涯未婚率が急激に上昇している。
- また、グラフの男女の違いを見ると、男性は1980年に2.60％だった生涯未婚率が、2010年には20.14％にまで上昇している。
- 以上、このグラフから、結婚に対する日本人の意識や経済状況の変化が生涯未婚率に反映していることが推察された。

　これらを見るだけでも、文章全体の内容がなんとなく分かりませんか。全体を書いた後、トピック・センテンスがパラグラフ全体を表しているかもう一度考えてみましょう。パラグラフの最初の辺りにトピック・センテンスを置き、分かりやすい文章を心がけてください。

CHALLENGE!

　それでは、みなさんも実際に描写の文章を書いてみましょう。以下の(1)(2)の手順に沿って書いてみてください。

(1) まず、以下のサイトを使って、政府の府省庁の統計調査の結果や白書・報告書などのWebサイトからグラフを1つ見つけましょう。あまり複雑なグラフは選ばないようにします。

電子政府の総合窓口e-Gov（イーガブ）
▶ https://www.e-gov.go.jp/about-government/statistics.html
　政府の各府省庁が実施した統計調査の結果のページへのリンクが紹介されています。例えば、
　　内閣府による「景気動向指数」や「GDP」
　　外務省による「海外在留邦人数統計」
　　文部科学省による「学校基本調査」
　　厚生労働省による「人口動態調査」
など、国の全体像を知るための基礎的調査の統計データへのリンクがあります。

電子政府の総合窓口e-Gov（イーガブ）
▶ https://www.e-gov.go.jp/about-government/white-papers.html

　政府の各府省庁の白書・年次報告書などのページへのリンクが紹介されています。例えば，

　　　　警察庁による「警察白書」
　　　　法務省による「犯罪白書」
　　　　外務省による「ODA白書」
　　　　文部科学省による「文部科学白書」
　　　　環境省による「環境・循環型社会・生物多様性白書」

など，各府省庁が一年の間に取り組んだ案件，特に社会問題に関する取り組みを報告した白書を見ることができるサイトへのリンクがあります。

(2) 次に，**サンプル⑦**を参考に，選んだグラフの描写文を書いてみましょう。グラフが示す内容についての分析・考察も入れてください。

選んだグラフのタイトル：

Lesson 2-2　心情を重ねた情景描写

　Lesson 2-1では、客観的描写の典型的な例として、地図の描写とグラフの描写について学習しました。ここでは、また別の描写文、「心情を重ねた情景描写」について検討してみましょう。以下の**サンプル⑧**は、プロンプトCに対して学生が書いたものです。この文章はLesson 1-2の「自分について語るナラティブ」とよく似ています。同じように、フィクションではないけれども文学的な香りがするクリエイティブ・ノンフィクションと言えるでしょう。まずは、読んでみてください。

> **プロンプトC**
>
> 　旅雑誌が「旅先で印象に残った街」というテーマで原稿を募集しています。本文600〜800字程度で書いてください。

サンプル⑧

頑張ろうと思えた街

S N

　オーストラリアの最も南にあり、最も小さい州がタスマニアである。タスマニアは砂漠が多いオーストラリア本土と比べて緑が豊かな島である。それは、日本のように四季があり雨も適度に降るため、土地がとても肥えているからである。

　私は2011年春からその年の終わりまで大学を休学して、タスマニア州の州都であるホバート市で日本語の教師として働いた。私が生まれ育った街は、名古屋の栄という街だ。オフィスビルやマンションに囲まれて、緑という緑は街路樹ぐらいしかない。それと対照的なタスマニアは、私にとってなかなか慣れない場所だった。仕事も忙しく、思い通りに出来ないことに焦ったりして、毎日がつらいと感じるようになった。

　そんな時に、宮崎駿監督の『魔女の宅急便』に出てくるような景色が私に「また頑張ろう」という気持ちを与えた。それは、高台から見下ろしたホバート市内の夕焼けだ。小さな家々の明かりが粒のようにあり、夕食の支度を始めているようで、煙突からは煙が出ている家もある。夕焼けに照らされた山や湖はキラキラしていた。中心街に目をやると、イギリスの植民地時代に作られた小さなビッグベンのような時計台が鐘をならしている。『魔女の宅急便』の主人公のキキは一人前の魔女になるために、一人で暮らしていく街を空飛ぶほうきに乗りながら探す。キキが見つけた街には、大きな時計台があって都会的な街ではないが、海も森もあって美しい街だった。私が高台から見た風景は、キキが「この街でやっていこう」と決めた風景そっくりだった。私

は日が沈むまでしばらく動けずにいた。「この街で頑張っていこう」と思った。夕焼けに照らされたホバートの街並みや自然は、時々私をそうやって慰めた。

　帰国する日、私はまたその高台へ行って夕焼けのホバートを見た。もうこの街で頑張ることは終わったが、これからはこの景色を心の中にしまって、日本で「また頑張ろう」と思えた。

◆ マクロ構成

　サンプル⑧は4つのパラグラフから構成されています。まず，第1パラグラフでは，オーストラリアのタスマニア州という場所を紹介しています。引き続き，第2パラグラフでは，筆者が日本語教師としてタスマニアへ渡ったが，筆者の出身地である名古屋の栄とは違っていて，なかなか慣れることができなかったということが述べられています。第3パラグラフでは一転して，夕焼けに映し出されたホバートの情景を見ながら，自分を元気づけている筆者の姿が描かれています。『魔女の宅急便』の主人公，キキが一人でやっていこうと決めた街の情景と重ね合わせながら，夕暮れのホバートの街並みを眺める筆者の後ろ姿が目に浮かぶようですね。最後の第4パラグラフはまとめです。ホバートでの滞在が終わり日本へ戻る筆者が，ホバートの街の情景を大切に思っているという心情を述べて終わっています。

```
序　論：タスマニアという場所について
　　　　筆者とタスマニアとのかかわり

本　論：風景を通してアニメの主人公と自分を重ねる

結　論：タスマニアの景色を通しての決意
```

図14　サンプル⑧のマクロ構成

　名古屋とホバート，キキが見つけた街の情景描写が効果的に使われていますね（本文中の下線）。両者の情景の違いがどんなところにあるか，その違いが筆者に対してどのように訴えたのかなどは，詳細に説明されていません。読者の想像や解釈に任されています。

　このような，読者の想像や解釈に任せたり頼ったりする手法は，日本語の随筆ではよく見られます。PART Iの2.「誰に向かって」で，「日本語は読み手が不足を補って読むことが期待される」(reader responsibility)ということを紹介しました。この文章はreader responsibilityを期待して書かれた文章と言えるでしょう。読み手に頼らず，読み手に配慮した(writer responsibility)文章を書くことをこの本では目指しています

が，Lesson 1-2 で勉強した「自分について語るナラティブ」の文章や Lesson 2-2 で勉強している「心情を重ねた情景描写」の文章では，読み手に想像させる reader responsibility の手法も効果的です。

CHALLENGE!

1. サンプル⑧を参考に，あなたが旅先で訪れた街や，生まれ育った街，今住んでいる街の描写文を書いてみましょう。本論には，印象に強く残っているエピソードを入れてください。

2. 今度は，サンプル⑥を参考に，1.で取り上げた街を，心情を入れずに客観的に描写してみましょう。

3. 最後に，1.と 2.で書いた文章を比べてみましょう。そしてその違いについてクラスメートと意見交換してみましょう。その街の写真を用意できると，具体的に説明できるのでいいですね。

PART II　パラグラフ・ライティング：文章の種類と構成を意識しよう

Lesson 3

説　明

　Lesson 1「ナラティブ」では「自分について語るナラティブ」などのクリエイティブ・ノンフィクション，Lesson 2「描写」では「旅先で印象に残った街」など，少し文学的な香りのする文章も学習しましたが，ここ Lesson 3 からは客観的な文章を学習します。Lesson 3 で学習する「説明モード」は最も多く使われるモードで，「手順・過程」，「定義」，「分類・例示」，「比較・対照」，「原因・結果」など，実にさまざまなタイプの文章があります。これらは文章の展開の仕方が異なります。これから，Lesson 3-1「手順・過程」，Lesson 3-2「定義」，Lesson 3-3「分類・例示」，Lesson 3-4「比較・対照」，Lesson 3-5「原因・結果」の順で見ていきます。

Lesson 3-1　手順・過程

　まず，「説明モード」のうちの「手順」や「過程」を表す文章(以下，「手順」と略します)の書き方について学びます。

1.「手順」とは

　もっとも分かりやすい「手順」の説明の例は，料理の作り方です。納豆スパゲティーの作り方を説明してみましょう。

> 材料(1人前)：　納豆1箱(からし，たれ付き)　　　ねぎ1本
> 　　　　　　　きざみのり少々　　　　　　　　　　スパゲティー80グラム
> 　　　　　　　バター10グラム

　まず，お湯を沸かし，塩を1つまみ入れます。
　お湯を沸かしている間に具の用意をします。ねぎはみじん切りにします。納豆にからしとたれを入れ，そこに刻んだねぎを入れて，よくかき混ぜておきます。
　次にお湯が沸いたら，スパゲティーを入れ，指定の時間，ゆでます。スパ

ゲティーがゆであがったら，皿に盛り，バターをのせ，全体になじむように溶かします。その上に納豆をのせ，最後に，きざみのりをかけて，出来上がりです。

　　上記の作り方は，時間的順序に沿って，手順を示しています。順番が重要なので，「まず」や「次に」や「最後に」などのものごとの順序を表す表現が使われています。その他，「お湯を沸かしている間に」という同時進行を表す表現や，「お湯が沸いたら，スパゲティーを入れる」や「スパゲティーがゆであがったら，皿に盛る」のような「AしたらB」という，作業の順序を表す表現が使われています。

　　手順の文章は，上記のような料理本のほか，パソコンの設定の仕方などの取扱説明書にもよく現れます。しかし，私たちがそのような料理本や取扱説明書を書く機会はあまりないでしょう。大学生活において「手順」を他の人に教えるには，直接口頭で説明するか，電話やメールなどを使うことが多いと思います。そこで，このLessonで扱う文章は，メールを使って説明するという設定にしました。サンプル⑨，⑩はTwitterのことを知らない教師に「Twitterの登録手続き」を教えるという設定で，サンプル⑪，⑫はその土地を知らない教師に実習校に来てもらうための道案内をするという設定になっています。

　　「手順」は相手が知らないから教えるわけなので，特に相手に分かりやすく説明する必要があります。このことを念頭に，以下のサンプルを検討していきましょう。

2.「手順」の分析

◆Twitter 登録手続き

次のサンプル⑨と⑩は，プロンプトDに対して学生が書いたものです。

> **プロンプトD**
> 　Twitter の登録手続きについて，Twitter について何も知らない田中先生にメールで説明（600字程度）してください。

> **サンプル⑨**

Twitter 登録手続き

I M

田中先生

こんにちは。先日お話したTwitterの件でメールしました。

Twitterとは140文字以内のメッセージを投稿して、皆で共有するインターネット上の無料サービスのことです。

それでは、登録方法をご説明します。大きく分けて３つの段階があります。

まず http://twitter.com/ を開きます。そこに名前、メールアドレス、パスワードを入力します。この名前は、お知り合いの方がTwitter上で田中先生を探すために役立ちます。メールアドレスは、Twitterからのお知らせメールを受信するためで、パスワードはログインする際に必要になります。パスワードは6文字以上で設定します。入力後、「新規登録」を押すと次の画面に切り替わります。

そのページではユーザー名を設定します。これはログインの際に使用します。ユーザー名には小文字とアンダーバーが使えます。他の人が使っているユーザー名は使えません。入力する欄の下に「利用可能なアカウント名」が出てくるので、参考にしてください。入力が終了したら、「アカウントを作成する」を押します。

そうすると、先ほど指定したメールアドレスにメールが届くので、そこに書かれているアドレスをクリックしてください。画面が切り替わり「アカウントの確認を終了しました」と表示され、Twitterへの登録が完了します。

それでは、Twitterを楽しんでください。何か疑問点があればいつでも連絡してください。

●●▲子

サンプル⑩

Twitter 登録手続き

M K

田中先生

こんにちは。
今日は、Twitterの登録方法をご説明します。

Twitterとは米国でスタートした、140字以内で気軽に近況報告ができるWebサービスのことです。芸能人や政治家も登録していて、全世界で約4000万人のユーザーがいます。

では、ここから具体的な登録方法をご説明します。

　まず、PCまたは携帯電話でTwitterのトップページ（http://twitter.com/）にアクセスします。そして、名前・メールアドレス・パスワードを入力し、"Twitterに登録する"ボタンを押します。

　そうすると、「Twitterをはじめましょう！」というページに移ります。そこでもう一度、名前・メールアドレス・パスワードを入力します（これらは、トップページで入力したものです）。"ユーザー名"という欄には自分で覚えやすいニックネームを入力します。そして、"アカウントを作成する"ボタンを押します。すぐに登録確認のためのメールが届くので、そのメール本文に記載されているURLにアクセスします。

　以上で、Twitterの登録は完了です。お困りの点があれば、ご連絡ください。わたしも「×××」というユーザー名で登録しています。

　それでは、失礼します。

　　○○□美　abcdefg@yahee.co.jp

　サンプル⑨もサンプル⑩も構成は図15のようになっています。両者とも「最初の挨拶」と「終わりの挨拶」で本文がはさまれています。本文も，まず，Twitterとは何かという定義（本文中の下線）があり，それから，サンプル⑨では，登録方法の段階には「大きく分けて3つの段階があります」というように，サンプル⑩では，「では、ここから具体的な登録方法をご説明します」というように，文章展開の枠組みを示しています。PART Iの Lesson 3で示したように，このような情報を表す表現を「メタ言語」（文章の展開を理解しやすくする表現・説明）（本文中の　　　）と言います。その後，実質的な登録方法の手順が説明されています。両者とも分かりやすく説明できていますね。

```
┌─────────────────────┐
│ 最初の挨拶           │
└─────────┬───────────┘
          ▼
┌─────────────────────┐
│ 本文： Twitterの定義 │
│     メタ言語         │
│     Twitterの登録手順│
└─────────┬───────────┘
          ▼
┌─────────────────────┐
│ 読み手を気遣う挨拶   │
│ 終わりの挨拶         │
└─────────────────────┘
```

図15　サンプル⑨⑩の構成

それでは次に，サンプル⑩を例にメールの構成をもう少し具体的に示してみましょう（図16）。最初の挨拶に続き，本文では，まずTwitterの定義をし，予告のメタ言語を置いています。そして，「まず〜します」「そうすると，〜となります」のような順で登録手順を説明し，「以上で，登録は完了です」と述べて，手順の完了を示しています（本文中の　　　）。図16の「まず」からこの部分までがこのLessonで学んでいる手順です。最後に，相手（読み手）に対して「お困りの点があれば，〜」と丁寧に挨拶しています。

メールの最初の挨拶
　　こんにちは。

Twitterの定義
　　Twitterとは，〜。

予告のメタ言語
　　では，ここから具体的な登録方法をご説明します。

登録手順
　　まず，〜
　　（そうすると，）〜
　　そして，〜
　　（すぐに）〜
　　以上で，〜

読み手を気遣う挨拶
　　お困りの点があれば，ご連絡ください。

メールの終わりの挨拶
　　それでは，失礼します。

図16　サンプル⑩の構成の具体的内容

メールは相手に直接送るので,「読み手」への配慮が普通以上に必要です[*15]。特に相手が目上の人（例えば,先生）の場合には,失礼のないように書かなければなりません。また,メールをもらったら,なるべく早く返事を書くべきですが,しっかり読み直してから送るようにしましょう。

◆ 実習校への行き方

次のサンプル⑪は,教育実習に参加している学生と,その期間に実習校を訪れる教師の間で実際に交わされたメールです。⑪aは教師から学生へ,⑪bは学生から教師へのメールです。

サンプル⑪a（教師→学生）

○○さん

メールありがとう。

（水）ですが,2時限目の授業が終わったらすぐ出かけるので,14時までにはそちらに着けると思います。
名古屋駅から,一番早く着ける方法を教えてくれますか。名鉄で行けばいいんでしたよね。駅からは,タクシーで行くつもりです。
着いたら,とりあえず職員室へ行きます。

よろしくお願いします。

田中真理

[*15] メールにおける読み手への配慮
なぜメールでは読み手への配慮が普通以上に必要なのでしょうか：
・読み手が不特定多数ではなく,特定の人に限定される。
・「書く」という行為の特性でもあるが,口頭の場合とは違い,相手が目の前にいないので,相手の反応を見て,書き方のトーンを調節できない。
・送付してしまったものは取り消しできない。
のような理由が考えられるでしょう。

サンプル⑪b（学生→教師）

田中先生

お忙しい中、メールありがとうございます。

□□町立○○中学校へは、名鉄名古屋駅から名鉄河和線の内海行きか河和行の急行か特急に乗ってください。特急は、毎時間 11 分発と 51 分発があります。下車駅は□□駅です。
電車を降りたら階段で反対側のホームへわたって改札を出てください。改札を出るとすぐタクシー乗り場があります。
□□駅から○○中学校まではタクシーで 5 分くらいです。

授業自体は 14 時 30 分から 2 年 D 組ですが、14 時過ぎに一度職員室へお願いします。
職員室へは正門を直進して突き当りに玄関がありますので、そちらから中へ入ってください。職員室は 2 階にあります。
教育実習生担当の先生は△△先生です。

それでは，どうぞよろしくお願いいたします。

○○▲子

　サンプル⑪b は，出発点から目的地までの経路がそれほど複雑ではないので，行き方の手順の説明も難しくはありません。しかし，実際にはもっと複雑な経路になる場合もあるでしょう。複雑な経路をすべて説明すると分かりにくくなりますから，相手が知っている情報は省略しましょう。また，実習校への訪問では，①「実習校の最寄の駅までの行き方」，②「駅を降りてから学校までの行き方」，③「学校に着いたらどこへ行けばよいのか」という 3 段階に分けて書くと分かりやすいでしょう。①の説明をするときには，相手がよく知っていると思われる場所までの説明は省略します。常に相手の立場に立って[*16]，整理した形で説明を試みてください。

[*16] 【相手の立場に立つ】とは，この場合どういうことでしょうか：
例えば
・相手がどこから来るのか
・どれくらい現地のことを知っているのか
・時間的余裕があるのか
・金銭的余裕（予算の制限）はどの程度か
といったようなことが考えられるでしょう。

次にサンプル⑫を見てみましょう。もし，あなたの大学が名古屋にあり，実習先の高校が群馬の場合はどうなるでしょうか。次のサンプル⑫は，群馬で実習する学生が阿部先生に送った実習校への行き方を説明したメールです。

サンプル⑫

阿部先生

メール、ありがとうございました。
今回はお忙しい中、群馬まで来ていただけるとのこと、よろしくお願いいたします。
私の実習校は群馬県太田市立〇〇中学校です。群馬県太田市は名古屋から新幹線とJR、東武鉄道を使って片道およそ4時間で、片道12,000円ほどの費用がかかります。

群馬県太田市立〇〇中学校までのアクセスは次の通りです。
まず、名古屋駅にて「JR東海道新幹線のぞみ」に乗車してください。1時間40分で東京駅に着きます。
東京駅で「JR山手線内回り・上野・池袋方面」に乗り換え、上野駅まで行ってください。
上野駅では「東京メトロ日比谷線・東武動物公園行」に乗り換えます。北千住駅で降りてください。
東京駅から北千住駅までの行き方は、別のルートもありますが、東京メトロ日比谷線が一番便利かと思います。
北千住駅で「東武特急りょうもう」に乗ると、太田駅まで約1時間で行くことができます。在来線もありますが、こちらは約2時間かかりますので，特急を使うことをおすすめします。りょうもうは、東武浅草駅から1時間に1〜2本走っています。
太田駅からはタクシーに乗っていただくと、〇〇中学校まで10分程度です。
タクシー乗り場は、中央口を出てすぐ左にあります。

中学校の校門を入って、すぐ左側の校舎の入り口に受付がありますので、お名前をおっしゃってください。職員室へ案内してもらえると思います。

それでは、遠いところ恐縮ですが、どうぞよろしくお願いいたします。

●●▲子

このメールで，阿部先生は無事に実習校へ行けそうですね。東京駅までは名古屋駅から新幹線に乗るだけなので，その部分は簡単に書き，東京駅からの行き方を書けば十分です。新幹線の乗り方まで書く必要はありません。

　メールでの道案内もなかなか難しいものですね。

CHALLENGE!

　それでは，みなさんも実際にメールを書いてみましょう。あなたの大学では，担当教員が学生の教育実習先の学校を訪問することになっています。その先生から実習校への行き方と，当日学校に着いたらどこに行けばいいか教えてほしいというメールが来ました。あなたの出身中学校か高校へ，あなたの大学の先生が行くことを想定して，先生にメールで返事を出してください。

　また，相手が教師の場合には，どのように書けば失礼でないか，表現などにも気をつけて書きましょう。相手が教師でも，メールの「道案内」の部分は，あまり敬語を使いすぎないほうが分かりやすいように思います。挨拶の部分は，来ていただくのですから，敬意を表したほうがいいでしょう。読み手を意識して，「ここちよい」敬語と効率的な案内を目指してください。

　書き終えたら，その場所を知らない学生と交換し，どのように説明すれば分かりやすいか検討してみましょう。

Lesson 3-2　定義

ここでは,「説明モード」のうちの「定義」について学びます。

1.「定義」とは

　私たちは何かを説明する場合に,キーワードとなる語句の意味や概念の内容を聞き手や読み手に明らかにしておく必要があります。キーワードの意味を読み手が書き手と異なった意味やずれた意味で捉えていると,文章全体の理解に支障をきたします。そこで,「定義」が必要となるわけです。あることばの意味やある概念の内容を他のことばや概念と区別できるように限定することを「定義」と言います。

◆「シャンパン」とは？

　お祝いごとでよく飲まれる「シャンパン」ですが,これは2000円程度で買えるものではありません。2000円程度で買えるのはスパークリングワインです。しかし,「シャンパン」とういことばが,「スパークリングワイン」の代名詞のように使われているのも事実です。「シャンパン」は以下のように定義されているものです。

> 　「シャンパン」とは,「シャンパーニュ地方(フランス北東)の特定地域で,決められた品種のぶどうを使い,シャンパーニュ方式(製法)で造られたスパークリングワイン」のことです。

　したがって,フランスのシャンパーニュ以外の地域で造られたもの,例えば,スペインには「カバ」[*17]というスパークリングワインがありますが,これはあくまでスパークリングワインの1つで,「シャンパン」とは呼べません。

図17　スパークリングワインとシャンパンの関係

[*17]　スパークリングワイン
　「カバ」は,シャンパンと同じ製法で造られるスペインのスパークリングワインです。同様に,「スプマンテ」はイタリアのスパークリングワイン,「ゼクト」はドイツのスパークリングワインです。また,同じフランスでも,フランスのシャンパーニュ地方以外で造られたスパークリングワインは,「シャンパン」とは呼べないのです。

シャンパンの定義はひとまずできましたが，それと一緒に考えてきた「スパークリングワイン」の定義も知りたいところですね。「スパークリングワイン」とは，どのようなワインでしょうか。

> スパークリングワインに関しては，「発泡性を有したワインのことで，一般的に3気圧以上のガス圧をもったワインである。それ以下のガス圧のものは弱発泡性ワインと呼ぶ」と国際ブドウ・ワイン機構やEUで定義されています。

このように，「3気圧以上のガス圧をもったワイン」と客観的に科学的に規定されています。明確に規定しておかないと，偽物が横行しかねないわけですね。このことからも分かるように，「定義」は法律・規定の中で何かを定めるときに重要な役割を果たしていると言えます。

2. 一文定義

私たちはレポートや論文などを書くときにもキーワードなどを「定義」して使うことがあります(p.77「概念の定義」を参照)。それだけではなく，「定義」は，子どもや外国人，さらには日本人でもその分野に詳しくない人に説明する際に，「やさしく言い換える」という形で頻繁に使われます。

TRY! ❶

それでは，以下のことばを，来日したばかりの留学生(日本語は十分に理解できる)に説明するとしたら，どのように定義しますか。

(1) コンビニ
(2) ファーストフード

これらの定義を考えるとき，みなさんの頭の中には，それらと関連したことばや概念が浮かびませんでしたか。例えば，(1)の「コンビニ」はどうでしょう。まず，「コンビニ」は「コンビニ(エンスストア)」の略称であることが頭に浮かんだと思います。次には，「スーパー(マーケット)」などの似た形式の店舗を思い浮かべ，それらの店と区別できるように考えたのではないでしょうか。(2)の「ファーストフード」を考えるときには，いろいろな店の名前が思い浮かんだと思いますが，店の名前だけでは定義はできません。定義を考えるには，共通する点を持ったものと同時に対になるもの(「スローフード」や家庭での手作り料理)を考えることによって，目的のものの定義が見えてくることもあります。

> (1) コンビニ(他の似たことば：スーパーマーケット)
> (2) ファーストフード(対になることば：スローフードや家庭での手作り料理)

「一文定義」とは，枝を切り落としてもっとも本質的な部分を残し，他のものから区別する作業です。上記の(1)(2)の定義を「一文」で考えてみてください。できたら，クラスメートと交換して，分かりやすい定義はどのようなものか，話し合ってみましょう。

(1) コンビニ：

(2) ファーストフード：

―― 一文定義 ――

定義しようとするものの本質　＋　他のものから区別する情報
（絶対に必要な情報）

3. 定義文

「定義文」とは，ここでは，1文や2文ではなく，ある物事や概念がどのようなものかを説明する文章を指します。

◆ 物事の定義

みなさんにとって，喫茶店の「モーニングサービス」とはどのようなものでしょうか。筆者たちは現在東海地方にある大学に勤務していますが，この地方出身ではないので，東海地方のモーニングサービスにはびっくりさせられます。一方で，愛知県や岐阜県出身の学生たちは，他の地方のモーニングサービスを知らないので，中には東海地方のモーニングサービスが当たり前と思っている学生もいます。

以下のサンプル⑬，⑭は，プロンプトEに対して学生が書いたものです。書き手は東海地方出身です。まず，読んでみてください。

プロンプト E

　日本や東海地方を紹介する旅行ガイドブックの中で，「喫茶店のモーニングサービス」について文章を書くことになりました。読者を想定しつつ，これらを定義し，説明する文章を400字〜600字程度で書いてください。

サンプル⑬

モーニングサービス

S S

　東海地方に旅行に来た際に、ぜひ体験すべき喫茶店の『モーニング』。モーニングとは、喫茶店の午前中の営業時間のみ提供されるサービスで、ドリンクを注文すると様々な「おまけ」が付いてくるというこの地方独特のサービスだ。

　その「おまけ」は喫茶店ごとで異なり、定番はやはり「トースト」と「ゆで卵」が付いてくるものだろう。しかし、ここは喫茶店激戦区の東海地方、モーニングサービスが充実している店舗が沢山。というのも、コーヒー代のみでトースト、ゆで卵はもちろんのこと、サラダ、デザート、お菓子、更に締めのお茶まで出てくるところもある。単に「コーヒーを飲む」を越え、「軽食」をも越え、しっかりとした朝ごはんがモーニングによって食べられるのだ。

　そのモーニングの歴史は長く、1950年頃、愛知県一宮市で朝から喫茶店に集まる人のためにお店がサービスでおつまみやゆで卵を付けたことが、モーニングの発祥として有力な説だ。

　半世紀にわたって進化し続けているモーニングのバリエーションは東海地方各地で様々な特色を反映させている。例えば、愛知県西部地方では、サラリーマンがよく利用することから胃にもたれないよう茶碗蒸しやうどんなど、あっさり系が多く、東部では農家の人が多く利用するため、ずっしり腹に溜まる揚げ物が出るといった形だ。

　コーヒー一杯でお腹もいっぱい、気持ちいっぱいのサービス精神溢れるモーニング。お気に入りを探すのも楽しいかもしれません。

　参考文献
　http://www.abc.cam/　　ABCコーヒー
　http://www.def.cam/page/　　DEFフード

＊参考文献は架空のものです

　サンプル⑬の「モーニングサービス」の定義文のマクロ構成は、以下の図**18**のように表せるでしょう。まず、序論のパラグラフで東海地方の「モーニングサービス」を

定義し，モーニングサービスが「おまけ」であることを述べています。次に本論の最初のパラグラフで「おまけ」の内容を具体的に説明し，その次のパラグラフでモーニングサービスの歴史について触れ，本論の最後のパラグラフでモーニングサービスのバリエーションについて述べています。そして最後に，結論のパラグラフでキャッチフレーズを感じさせるようにまとめています。まだ推敲の余地はあるかもしれませんが，「東海地方のモーニング」をよく表していて，ちょっと喫茶店をのぞいてみたくなりませんか。

```
序 論：導入と定義（言い換え）
   ↓
本 論：モーニングサービスの内容の詳細
       モーニングサービスの起源
       モーニングサービスのバリエーション
   ↓
結 論：まとめ
```

図18　サンプル⑬のマクロ構成

もう1例，サンプル⑭を見てみましょう。

サンプル⑭

モーニングのはじまり

M S

　東海地方では、喫茶店で午前中（だいたい10時頃まで）にドリンクを注文するとモーニングサービスといって、トーストパンとゆで卵、プラスアルファが無料で付いてくる。モーニングサービスはいまや日本全国の喫茶店のほとんどが取り入れていて、中にはサラダバーやケーキセットなど無料としては豪華すぎるサービスを提供している店もある。

　モーニングサービスは東海地方愛知県一宮市で約60年前に始まった。当時の一宮には数多くの紡績工場があり、取引先との話し合いの場として喫茶店がよく利用されていた。一宮にはたくさんの喫茶店があり、その中で少しでも多くのお客さんを集めようと頭を悩ませていたある店主が考え付いたのがモーニングサービスだった。当初は、ドリンクといっしょにゆで卵を出すだけだったが、現在では品数もバラエティも豊富である。お客さんによっては、モーニングサービスの内容でお店を選ぶ人もいるらしい。そのため、店の顔としてモーニングサービスに力を入れている喫茶店もたくさんある。

　ゆで卵1つから始まったサービスがいまや店の顔とまでなった。商売のためとはいえ、お客さんへの配慮からモーニングサービスが生まれたのである。

もし、愛知県に足を運ぶ機会があれば、本場のモーニング巡りをしてみてはいかがですか。

　　参考文献
　　http://www.abc.cam/　　ABC コーヒー
　　http://www.def.cam/page/　　DEF フード

＊参考文献は架空のものです

　サンプル⑭のマクロ構成を図示すると，以下の図 19 のようになるでしょう。まず，序論のパラグラフで東海地方の「モーニングサービス」を定義し，それから視点を全国に広げ，次の本論のパラグラフで起源を述べるとともに，愛知県に視点をすぼめていっています。最後の結論にはパラグラフが 2 つあり，まとめと提案を行っています。モーニングサービスの起源を知ることは興味深く，この紹介文を読んだ読み手も，喫茶店に足を運びそうです。

序 論：導入と定義（言い換え）
　　　　　全国への広がり
　　　　　モーニングサービスのバリエーション

↓

本 論：モーニングサービスの起源
　　　　　モーニングサービスの現状

↓

結 論：まとめと提案

図 19　サンプル⑭のマクロ構成

　しかし，サンプル⑭を読んだ（東海地方以外の）人は，おやっと思うのではないでしょうか。「モーニングサービスはいまや日本全国の喫茶店のほとんどが取り入れていて，中にはサラダバーやケーキセットなど無料としては豪華すぎるサービスを提供している店もある。」と書いてありますが，現在の東京では朝ドリンクを注文しても，何もついてきません。

　ちなみに，「モーニング」というのは，「モーニングセット」と「モーニングサービス」に分けられる（『朝日新聞』2012 年 1 月 15 日朝刊）そうです（図 20）。東海地方以外での「モーニング」は，「モーニングセット」を指すようです。これは飲み物とトーストなどのセットで，プラスアルファはありますが，それぞれ単品で注文するよりも安く提供されるような形式です。一方，「モーニングサービス」は上記のサンプル⑬や⑭に書かれているように，飲み物を注文すると，飲み物だけの料金で，勝手にいろいろなものがついてくるようです。

```
モーニング → モーニングセット（東海地方以外）
          → モーニングサービス（東海地方）
```

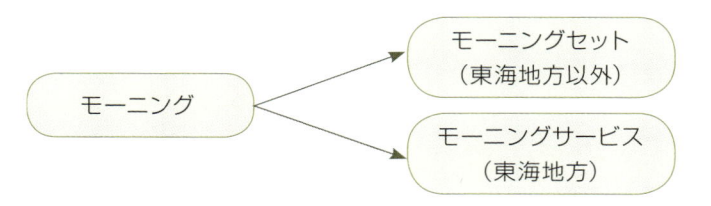

図20 「モーニング」の2つの定義

そうだとすると、**サンプル⑭**の序論の「モーニングサービスはいまや日本全国の喫茶店のほとんどが取り入れていて」は、事実ではないことになります。何かについて公に書く場合には、自分たちの常識や知識が本当に全国に通じるものなのか、一般的なものなのか、慎重に調べてから書くべきでしょう。また、読み手もどこの人か分からないので、広く想定して書く必要があります。

◆ レジスター

ここで**サンプル⑬、⑭**の文末スタイルを見てみましょう。何か気づいたことはありませんか。

巻末の「Good writing のための評価基準」を見てください。E. 日本語:b 適切さ（レジスター）では、「文末スタイルが基本的に統一されているか」となっていますが、**サンプル⑬、⑭**では最後の文のみが丁寧体になっています。全体の文末スタイルが普通体ですから、**サンプル⑬**の「楽しいかもしれません」、**サンプル⑭**の「本場のモーニング巡りをしてみてはいかがですか」は、基本的には普通体に統一すべきです。けれども、文末スタイルを混ぜて書いていい文章もあります。例えば、ガイドブックに書かれるような気軽に読める文章です。ここでは、それぞれの文章の最後の「楽しいかもしれない」、「本場のモーニング巡りをしてみてはいかが（だろう）か」という普通体を、「楽しいかもしれません」「いかがですか」と丁寧体に切り替えることで、読み手に対して語りかけるような効果を生み出しています。

◆ 概念の定義

次に考えるのは，もう少し抽象的な事柄の定義です。このようなものには定義が複数ある場合も少なくありません。「母語」もその1つです。例えば，(1)のように，文章中のキーワードのあとに（　　）で簡単な説明をつける方法があります。これも1つの定義です。

(1) 一般的に日本人にとって母語（人が生まれて最初に覚えた言語）とは日本語であるが，アメリカ人にとっては英語とは言えない。なぜなら，……．

また，特に，あることばや概念を読み手に正確に伝えたい場合には，(2)のように，定義を明示する場合もあります。他にいくつか別の定義もあるだろうが，自分はここではこのように定義して使う，ということを意味します。

(2) 母語をここでは「人が生まれて最初に覚えた言語」と定義する。

TRY! ❷

みなさんにとって，「母語」とはどのようなものでしょうか。おそらくこの本の大部分の読者の母語は日本語だと思われますが，「母語」の定義はそうたやすくはありません。まず，母語の特徴はどんな点でしょうか。クラスメートと話し合ってみましょう。
両親が国際結婚の場合や他の国から移住してきた場合のことも視野に入れて考えてみましょう。

母語とは：
・
・
・

以下は，授業中に学生にきいた母語の定義の例です[*18]。

　　a. 一番初めに習得し，生活するにおいて利用する言語
　　b. 生まれて最初に覚えた言語。だいたい使いこなせる言語
　　c. 母語とは，使う人がほかのどの言語よりも自由に使いこなせる言語
　　d. その人が一番自由に，安心して使えることば

　aには「習得」ということばが使われています。定義で気をつけなければならないのは，定義文の中に新たに定義が必要な表現を入れないことです。例えば，aの「言語を習得する」というのは，どのような状態になることを指すのでしょうか。ことばを理解できる状態か，話せる状態か，それとも読み書きもできる状態を指すのかなど，いろいろな考え方があるので，「母語」の定義には使わないほうがいいでしょう。

　また，bのように2通りに書いてあると，どちらかを満たせばいいのか，あるいは両方とも満たさなければならないのか，曖昧です。定義は複数の解釈ができないように書くべきでしょう。

　c，dは，定義の中身は別として，書き方には特に問題はありません。これらの例から，わたしたちが普段何気なく使っている「ことば」にも，定義をするには満たさなければならないいくつかの条件のあることが分かります。

---- 定義の注意点 ----
▶ 定義の中に，さらに定義が必要な語句を入れない
▶ 定義は，複数の解釈ができないように書く

　また，「母語」の定義を考えたとき，似た概念を表すことば(例えば，母国語，第一言語)や対立する概念を表すことば(例えば「外国語」や「第二言語」)ということばを思い浮かべませんでしたか。例えば，以下の図21のようなイメージでしょうか。

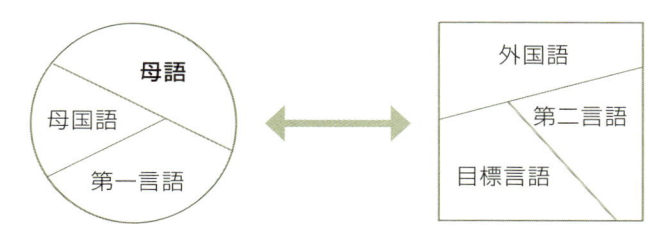

図21 「母語」の定義を考える際の「似た概念」と「対立する概念」の整理例

[*18] 母語とは
　中島和子編著(2010)には，「1番初めに覚えた言語」「現在もっともよく理解できる言語」「現在もっとも頻繁に使用する言語」「自分自身が一体感を持てる言語」「他人もそう認める言語」などが挙げられています。

さらに，前のページの定義は言語習得の授業で学生にきいたのですが，社会学などの授業では，また異なる視点から母語を捉えるものと思われます。分野や状況（context）によって定義が変わってくることも認識しておいてください。

> **定義のコツ**
> ▶ 似た概念を表すことばや対立する概念を表すことばを思い浮かべて整理する
> ▶ 定義する内容を捉える分野や状況（**context**）を考慮する

　以上で，定義についての学習を終わりますが，私たちの周りにはまだまだなんとなく意味は分かるけれども，曖昧なまま使っていることばがあると思います。ここでは「母語」を例にしましたが，他にどのようなことばがあるか話し合ってみましょう。

　どうでしたか。いろいろなものが思い浮かんだと思いますが，「割り勘」もその1つではないでしょうか。次のCHALLENGE!では「割り勘」について考えてみましょう。

CHALLENGE!

　みなさんにとって「割り勘」とは，どのようなことを指しますか。

(1) まず，自分で一文定義を考え，それから，クラスメートと交換し，話し合ってみてください。もし複数の解釈（定義）があるようなら，書物やインターネットで，定義を確かめてみましょう。

> 割り勘とは（一文定義）：

(2) 次に，話し合ったことをもとに，「割り勘」の定義についての文章を書いてみましょう。話し合ったとき，複数の解釈が出てきませんでしたか。それぞれの解釈の根拠にも触れつつ，エピソードを入れて書くと，生き生きとした文章になるでしょう。

> 「割り勘」とは（定義文）：

Lesson 3 PART II

Lesson 3-3　分類・例示

ここでは，「説明モード」のうちの「分類」「例示」の書き方について学びます。

1.「分類・例示」とは

何かを説明するとき，Lesson 3-1 の「手順」においても述べたように，最初に大枠を示すことは，読み手に親切だと言えます。同様に，ある事柄を説明するのに，その事柄の位置づけを示すことも，読み手の理解を助けます。ここでは，ある事柄を一定の基準(種類，性質，系統など)で「分類」して整理し，「例」を挙げて説明する方法について学びます。

◆ 分類

「分類」するには，まず，分類する基準を決める必要があります。例えば，世界の「酒」は，「製造方法」や「原料」という基準によって以下のように分類することが可能です。

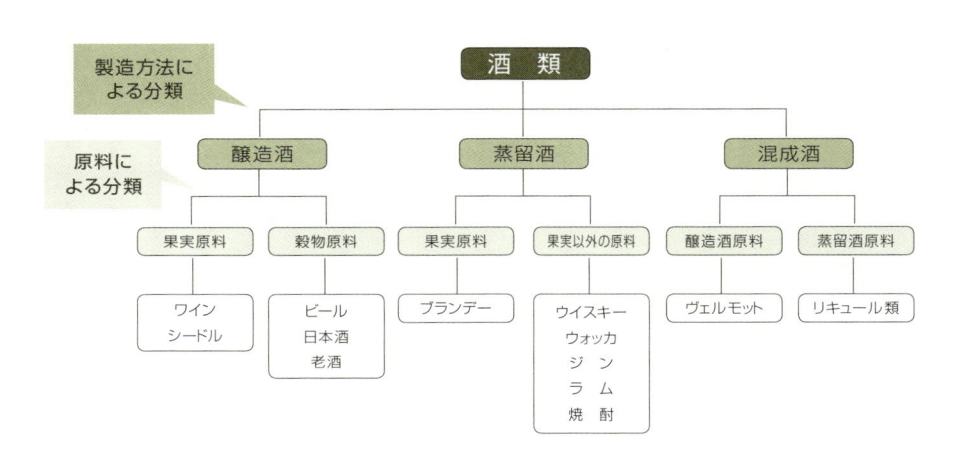

図 22　世界の酒の分類

図 22 では，まず大きく製造方法によって「醸造酒」と「蒸留酒」と「混成酒」に分け，それぞれをさらに原料(果実，穀物など)で分けています。図 22 の原料による分類のように，一定の基準によって分けられた項目をさらに細かく分けることを「下位分類」といいます。適切に下位分類すると，物事が整理され，理解しやすくなります。

一方，図 22 のように下方向へ分類していくのとは違って，1 つのものを，いろいろな観点[19]から分けて示すことも可能です。図 23 を見てください。例えば，図 22

---

[19]「観点」という言葉は，「基準」という言葉と似ていますが，ここでは 1 つのものの分け方として，いくつかの分け方がある場合に使います。

の醸造酒のうちの「ビール」は，使用する酵母の性質によって「上面発酵ビール」と「下面発酵ビール」に（図 23 の A），熱処理をしたかどうかによって「生ビール」と「ラガービール」に（図 23 の B），色によって「淡色ビール」「中濃色ビール」「濃色ビール」に（図 23 の C），というふうに，分類することができます（その他の分け方もありますが，ここでは省略します）。つまり，同じものを別々の観点（A, B, C）で下位分類していると言えます。

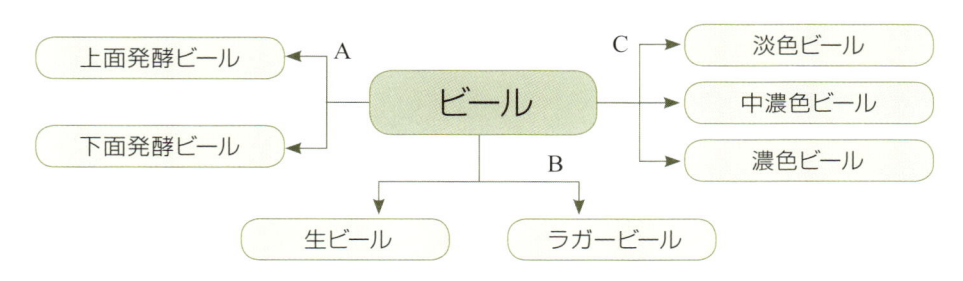

図 23　ビールの観点別分類

◆ 例示

もう一度，図 22 を見てください。大きく製造方法によって「醸造酒」と「蒸留酒」と「混成酒」に分けられ，それぞれがさらに原料で下位分類されています。そして，1 番左の「果実原料」の下に，「ワイン」や「シードル」のような例が挙げられています[20]。このように例を示すことによって，読み手には具体的なイメージが湧いてきます。

「分類」は読み手の頭を整理し，「例示」は読み手に具体的なイメージを抱かせるという役割を果たします。

◆ 分類基準と目的

あるものの「分類」の基準はいくつかあるので，読み手に整理して分かりやすく示すために，もっとも効果的に伝わる分類基準・観点を考えます。つまり，図 23 のビールの分類を例にとると，どういうことを説明したいときに「色」で分けるのか，あるいは「酵母の性質」で分けるのか，それとも「熱処理をしたかどうか」で分けるのか，というふうに目的をよく考えます。

みなさんが飲料会社に就職して，商品の販売戦略を考えることになったと仮定してみましょう。何をセールスポイントに販売戦略を立てるかを考えるときに，この「分類基準と目的」が大切になってきます。たくさんの商品を特徴ごとに分類して全体を

---

[20] 「ワイン」は果実の中でもぶどうが原料で，「シードル」はりんごが原料です。

把握した上で，これまで販売したことがない特徴を持った商品を新しく開発し，その新しい商品の具体的なイメージを例示しながら，広告を考える必要がありそうですね。このように，目的に合った分類基準を考えることによって，書き手自身も，書こうとしていることを整理できるのではないでしょうか。

それでは，頭の体操だと思って，次のタスクをしてみてください。

TRY!

以下のタスクは頭の体操のようなもので，分類のトレーニングです。意味のある分類を試みてください。電子辞書を使ったり，スマートフォンでインターネットにアクセスしたり，クラスメートと話し合いながらやってもかまいません。

国の分類

> アメリカ，日本，中国，ロシア，ブラジル，ベトナム，インド，スペイン，イギリス，チュニジア，南アフリカ，ニュージーランド，チリ，韓国，フィリピン，イラク，トルコ

（1）なんらかの観点で2つ（例えば，北半球にある国と南半球にある国）に分類してみましょう。

（2）なんらかの観点で3つに分類してみましょう。

（3）なんらかの観点で4つに分類するのは可能でしょうか。挑戦してみてください。

楽器の分類

　　　ピアノ，琴，トランペット，三味線，ギター，サクソフォン，バイオリン，
　　　マリンバ，ドラム，フルート，ハープ，尺八

これらを何らかの観点で分類してみましょう。

```
┌─────────────────────────────────────────────┐
│                                             │
│                                             │
│                                             │
└─────────────────────────────────────────────┘
```

スポーツの分類

　　　ホッケー，サッカー，野球，マラソン，走り高跳び，水球，モーグル，
　　　フィギュアスケート，ボート

(1) これらを何らかの観点で分類してみましょう。

```
┌─────────────────────────────────────────────┐
│                                             │
│                                             │
│                                             │
└─────────────────────────────────────────────┘
```

(2) 「団体競技と個人競技」のように，自分で観点を考えて，「スポーツ」を数種類挙げて分類してみましょう。

```
┌─────────────────────────────────────────────┐
│                                             │
│                                             │
│                                             │
│                                             │
└─────────────────────────────────────────────┘
```

分類の基準を考えるのは意外と難しいことに気がついたのではないでしょうか。

2.「分類・例示」の分析

それでは次に，学生が実際に書いた「分類・例示」のサンプルを分析してみましょう。

◆ 構成とメタ言語 1

サンプル⑮は，プロンプトFに対して学生が書いたものです。

> **プロンプトF**
>
> 『大学生活ハンドブック』に，留学生や他の地方出身者のために，愛知県・岐阜県・三重県で休日などに訪れたらいいと思われる場所を紹介することになりました。それらの場所を分類し，簡単に説明の文章（800字〜1000字）を書いてください。

サンプル⑮

東海三県のお勧めスポット

M K

　みなさんは、普段どのような休日を過ごしていますか。宿題やサークル活動、アルバイトなど予定は多いと思いますが、もし一日自由な時間ができたら、どんなことがしたいですか。今回は、休日に行きたい東海三県のお勧めスポットを、「買い物」「レジャー」「リラクゼーション」の3つに分けて紹介します。

【買い物】

　洋服や靴、雑貨などの買い物を楽しみたいなら、大型ショッピングモールやアウトレットモールをお勧めします。「Mozoワンダーシティ」や「モレラ岐阜」は、約200の店舗からなるショッピングモールです。若者に人気のファッションブランドや海外のファストファッションなど、流行をいち早く体感できる場所です。また、「ジャズドリーム長島」は約240店舗からなるアウトレットモールで、遠方からの買い物客も多く常に賑わっています。

　東海の特産物を買うなら、「道の駅」がお勧めです。「道の駅」とは、誰もが自由に立ち寄ることのできる、一般道路専用の休憩施設のことです。特産物の売店が人気で、有機栽培の露地野菜や道の駅で加工した食品などは、その「道の駅」でしか買うことができません。変わったフレーバーのソフトクリームやジュースを探して回る「道の駅」巡りも面白いですよ。ちなみに岐阜県は、「道の駅」の社会実験時から7駅を設置し、現在は52駅、北海道に次いで日本で2番目に多い県です。

【レジャー】
　東海の遊園地と言えば、「ナガシマスパーランド」です。世界最大級の木製コースター、「ホワイトサイクロン」や、最高153km/hで疾走する「スチールドラゴン2000」などの絶叫系アトラクションが楽しめます。世界テーマパークランキングでは、入場者数が世界で第17位、日本国内では第4位にランクインしています。
　また、東海三県には、それぞれ有名な水族館があります。
・名古屋港水族館(愛知県)　白イルカが有名
・アクア・トトぎふ(岐阜県)　世界最大級の淡水魚水族館
・鳥羽水族館(三重県)　ジュゴンを日本で唯一飼育、展示
　季節によってイベントも様々で、何度も足を運びたくなる水族館です。

【リラクゼーション】
　豊かな自然に恵まれた東海三県は、リフレッシュに最適な温泉が充実しています。日本三名泉のひとつ、「下呂温泉」があるのは岐阜県です。宿泊はもちろん、足湯や日帰り温泉が楽しめる施設もたくさんあります。また、飛騨地方には「奥飛騨温泉郷」、西濃地方には「うすずみ温泉」など、県内全体に温泉があります。さらに、愛知県には「犬山温泉」、三重県には「湯の山温泉」など、東海の各地で温泉を満喫できます。
　また、遊歩道が整備された山々では、初めて訪れる人でも安心して森林浴が楽しめます。岐阜県の「城山公園」や「付知峡」、愛知県の「昭和の森」、「愛知県県民の森」などで、大自然を体感してみてはいかがでしょう。

　みなさんの休日の予定は決まりましたか。休日に何をしようか迷っているみなさん、ぜひこれらのお勧めスポットでいつもと違う休日を楽しんでみてください。

参考文献
http://www.abc.cam/　ABCランド
http://www.def.cam/page/　DEF放送

＊参考文献は架空のものです

まず，マクロ構成を見てみましょう（図24）。序論・本論・結論の3つの部分から構成されています。本論には3つのパラグラフがあり，分類の観点が【　】によって示され，「買い物」「レジャー」「リラクゼーション」が挙げられています。

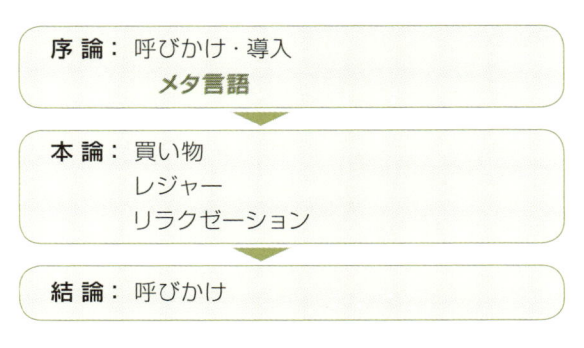

```
序論：呼びかけ・導入
      メタ言語
         ↓
本論：買い物
      レジャー
      リラクゼーション
         ↓
結論：呼びかけ
```

図24　サンプル⑮のマクロ構成

では，次にサンプル⑮の本論を分析してみましょう。「東海三県のお勧めスポット」が，図25のように3つの観点から紹介されています。この分類の観点は筆者が自分で何度も考えて作ったそうです。うまく分類できていますね。そして，各観点の例が挙げられています。例えば，最初の「買い物」は，「洋服や靴を買うなら」と「東海の特産物を買うなら」と2つの例が示され，読み手が興味を持って読めるようになっています。「レジャー」と「リラクゼーション」も同様に2つずつ例が示されています。このように，分類の文章では例を適切に示すととても効果的です。

```
東海三県の     ┬ 買い物        ┬ 洋服や靴を買うなら
お勧めスポット │               └ 東海の特産物を買うなら
               ├ レジャー      ┬ 遊園地
               │               └ 水族館
               └ リラクゼーション ┬ 温泉
                                 └ 森林浴
```

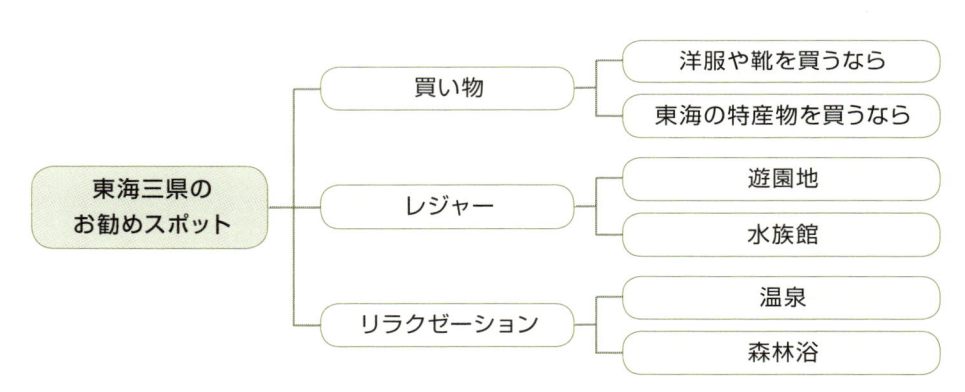

図25　サンプル⑮の「本論」中の「分類」

次に，「メタ言語」についてみてみましょう。序論の最後に「東海三県のお勧めスポットを，「買い物」「レジャー」「リラクゼーション」の3つに分けて紹介します」と書いてありますが，実は，学生が書いたオリジナルには3つの内容がなく，「東海三県のお勧めスポットを紹介します」とだけ書かれていました。しかし，最初に，このように内容を具体的に示したメタ言語を使うことによって，読み手にはずっと読みやすくなりませんか。

また，最後のパラグラフの冒頭，「みなさんの休日の予定は決まりましたか」も，オリジナルにはありませんでした。このような「呼びかけ」は，アカデミック・ライティングではつけるべきではありませんが，これは学生対象のハンドブックです。冒頭の「みなさんは，普段どのような休日を過ごしていますか」に呼応して，効果的ではありませんか。また，もし最後の付け加えがないと，サンプル⑮の結論は1文になってしまいます。構成面からみても，序論と結論の呼応，そして，序論，結論を1文で終わらせないということは大切です。

> **マクロ構成面のポイント**
> ▶ 序論と結論で内容を呼応させる
> ▶ 序論を1文で終わらせない
> ▶ 結論を1文で終わらせない

◆ 接続表現

　もう少し，表現について観察します。【リラクゼーション】の3行目から，次のパラグラフの最初の1行まで，音読してみてください。何か気がつきませんでしたか。「また，飛騨地方には，「奥飛騨温泉郷」，西濃地方には「うすずみ温泉」など，県内全体に温泉があります」と書いてあり，その次は，「さらに，愛知県には……」と続きます。ところが，その次のパラグラフは，また，「また」から始まります。この接続表現「また」は，とても便利な表現ですが，続くと，「またか」と思ってしまいます。

　まずは「また」をとってみてください。それで文意が通るなら，その「また」は不要です。接続表現は使えばいいというものではありません。使わなくても，結束性のある文章が書けるにこしたことはないのです。この場合は，どうでしょうか。「また」をとると，ちょっとつながりが悪いようにも感じます。他の接続表現が必要ですね。みなさんなら，どのような「接続表現」を使いますか[21]。話し合ってみてください。

> **接続表現のポイント**
> ▶ 音読して，流れやつながりを確かめてみよう
> ▶ 同じ接続表現（特に「また」）を続けて使わない
> ▶ 接続表現は，文章の流れやつながりがよければ，使う必要はない

◆ 構成とメタ言語2

　では，別のサンプルを見てみましょう。次のサンプル⑯は，サンプル⑮と同じくハンドブックに文章を書くという設定で，プロンプトGに対して学生が書いたものです。

---

[21] 「一方」や「そのほか」が候補として挙げられます。

プロンプトG

新入生のための『大学生活ハンドブック』を書くことになりました。その中で，あなたは「アルバイト選びについてのアドバイス」を書く担当になりました。例を挙げながら，本文800字〜1000字程度で書いてください。

サンプル⑯

大学生のアルバイト選び

M K

　大学生になると、行動範囲も交友関係もどんどん広がります。飲み会があったり、県外に遊びに行ったり、留学に行くこともあるかもしれません。そんなとき、気になるのが金銭面の問題です。アルバイトは、大学生にとって必須と言えるのではないでしょうか。しかし、アルバイトばかりでは勉強がおろそかになります。勉強とアルバイトを両立させるためには、あなたの生活スタイルに合わせてアルバイトを選ぶことが大切です。そこで、このページではみなさんに役立つアルバイト選びの方法を、「一日の流れ」と「一週間の流れ」の二つの観点から紹介します。

　一つ目の方法です。あなたの「一日の流れ」を思い出してみてください。どの時間帯なら、アルバイトができますか。

　授業が午後に集中していれば、午前中にアルバイトができます。スーパーの品出し、喫茶店のホールスタッフ(愛知県はモーニング利用者が多いですからね)、ベーカリーなど、午前中に人手が必要な業種で探すと見つけやすいと思います。

　逆に、午前で授業が終わるのであれば、夕方から夜にかけてのアルバイトを探してみましょう。チェーン飲食店は学生アルバイトを積極的に採用していますし、駅前の書店やお弁当屋さんなどは、学校帰りの学生、仕事帰りのサラリーマンが多く立ち寄るため非常に忙しく、人手を必要としています。また、塾講師や家庭教師のアルバイトも、この時間帯が比較的多いです。

　夜型の生活スタイルであれば、深夜のアルバイトも良いかもしれません。コンビニやカラオケ店、居酒屋など様々ですが、他の時間帯と比べて時給がうんと上がるので、短い時間でも多くの収入を得ることができます。また、閉店後の店舗に入り棚卸作業をするアルバイトもほとんどが深夜です。

　二つ目の方法です。あなたの「一週間の流れ」を思い出してみてください。平日と休日、どちらのほうが多くシフトに入れますか。

　平日メインでアルバイトをするなら、病院や歯科医院の受付事務、工場のラ

イン作業を選ぶこともできます。数日連続で出勤できると採用されやすいです。
　休日メインでアルバイトをするなら、休日の時給が高くなる飲食店を選ぶのがいいでしょう。大手スーパーのレジやアパレル系も、休日は時給の高いところが多いです。また、休日限定のイベントスタッフ（コンサートスタッフや着ぐるみを着てショーに出演）は時間を有効に活用でき、楽しく仕事ができると人気があります。

　<u>以上、「一日の流れ」と「一週間の流れ」から選ぶアルバイトを紹介しました</u>。これらの他にも、自動車免許の有無や経験者かどうかで選べるアルバイトは変わってきます。<u>生活スタイルと照らし合わせながら</u>、自分に合ったアルバイトを見つけてください。

　まず，マクロ構成を見てみましょう（図26）。序論・本論・結論の３つの部分から構成されており，本論は大きく２つの内容から構成されています。

```
序 論： アルバイト選びの意義
        メタ言語
           ↓
本 論： 選び方
          一日の流れから選ぶ
          一週間の流れから選ぶ
           ↓
        メタ言語
結 論： まとめ
```

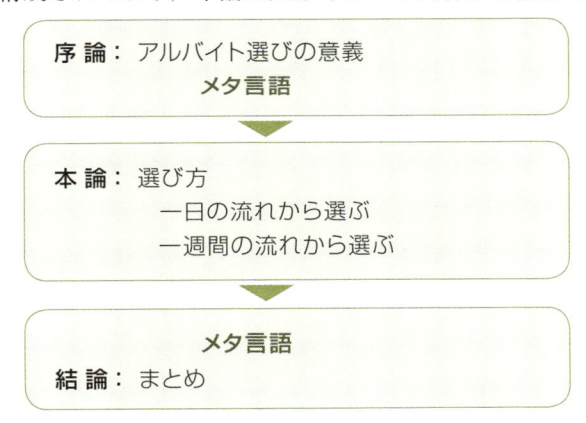

図26　サンプル⑯のマクロ構成

　次に本論を詳しく見てみましょう（図27）。「一日の流れ」（一日の時間帯）と「一週間の流れ」（一週間の曜日）で大きく分類し，それぞれをさらに「午前」「夕方から夜」「深夜」と下位分類して，アルバイトを紹介しています。アルバイトを探している新入生に分かりやすいですね。

```
一日の時間帯 ─┬─ 午前中のアルバイト
              ├─ 夕方から夜のアルバイト
              └─ 深夜のアルバイト

一週間の曜日 ─┬─ 平日メインのアルバイト
              └─ 休日メインのアルバイト
```

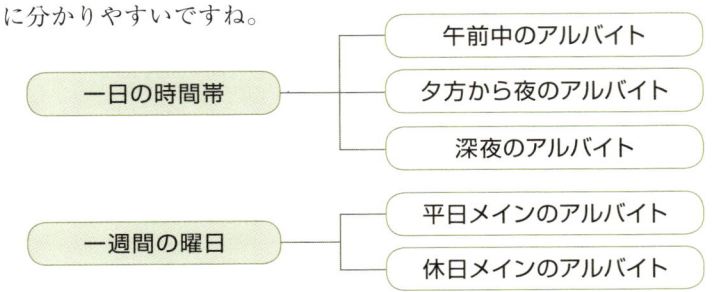

図27　サンプル⑯の「本論」中の「分類」

ここでも,「メタ言語」について見てみます。サンプル⑮と同じように,序論の最後に,「このページではみなさんに役立つアルバイト選びの方法を,「一日の流れ」と「一週間の流れ」の二つの観点から紹介します。」と,予告のメタ言語があります(本文中の　　　)。そして,次のパラグラフの冒頭が「一つ目の方法です」,その次が「二つ目の方法です」で始まり,大分類がすぐ分かるようになっています。さらに,それぞれの下位分類の始まりが「授業が午後に集中していれば」,「午前で授業が終わるのであれば」,「夜型の生活スタイルであれば」というように,同じ仮定の表現が使われています。このような実用的な文章では,同じスタイルの表現が効果的です。

　最後に,マクロ構成をもう一度見ると,サンプル⑯においても,序論に「あなたの生活スタイルに合わせて」とあり,結論においても「生活スタイルと照らし合わせながら」とあります(本文中の下線)。このように繰り返すことによって,読み手は書き手の主張・メイン・アイディアを確認でき,それが効果的に働くことが分かります。

CHALLENGE!

1. みなさんなら,自分が住んでいる地域の「お勧めの観光スポット」をどのように分類して紹介しますか。観光スポットを分類し,それぞれ例を挙げ,解説やアドバイスを付け加えた文章を書いてみてください。(プロンプトF)

2. みなさんなら,新入生に「アルバイト」をどのように紹介しますか。アルバイトを分類し,例を挙げ,解説やアドバイスを付け加えた文章を書いてみてください。(プロンプトG)

Lesson 3-4　比較・対照

ここでは,「説明モード」のうちの「比較・対照」について学びます。

1.「比較・対照」とは

英語では比較(comparison)は類似点について論じること,対照(contrast)は相違点について論じることを表しますが,日本語では,普通二者を区別することはしません。ここでは,2つ以上の事柄について,いくつかの観点(要素)から,その類似点,相違点を論じることを「比較・対照」(あるいは単に「比較」)と呼ぶことにします。

◆「比較・対照」の基本構成

例えば,「東京と大阪を比較せよ」という課題が出たら,どのように比較しますか。

序論,結論は別にして,本論は大きく分けて,2種類の構成が考えられるのではないでしょうか。1つは,図 28 のように,まず「東京」と「大阪」の2つに大きく分けて,それぞれのパラグラフの中で観点別に論じる方法です(タイプ I)。つまり,最初のパラグラフで「東京」について「言葉」「食べ物」「ファッション」別に分析し,次のパラグラフで「大阪」について「言葉」「食べ物」「ファッション」別に検討する方法です。

もう1つの方法は,図 29 のように,観点,つまり,「言葉」「食べ物」「ファッション」を先に立てて,その観点について,東京では,大阪ではと比較していく方法です(タイプ II)。

```
東京について
  ・言葉
  ・食べ物
  ・ファッション

大阪について
  ・言葉
  ・食べ物
  ・ファッション
```

図 28　タイプ I の構成

```
言葉について
  ・東京
  ・大阪

食べ物について
  ・東京
  ・大阪

ファッションについて
  ・東京
  ・大阪
```

図 29　タイプ II の構成

「比較・対照」のマクロ構成をまとめると，図30及び図31のようになります。Item[*22]というのは「比較対象」のことで，前述の例では，Item A は「東京」，Item B は「大阪」です。Element というのは「比較観点」のことで，前述の例では，順に「言葉」「食べ物」「ファッション」です。図30のタイプⅠを Block style，図31のタイプⅡを Point-by-point style と呼びます。「比較・対照」のライティングでは，この構成を基本にして，どんな Item や Element が考えられるか検討してみましょう。

Introduction

Item A
　Element 1
　Element 2
　Element 3

Item B
　Element 1
　Element 2
　Element 3

Conclusion

図30　タイプⅠ(Block style)

Introduction

Element 1
　Item A
　Item B

Element 2
　Item A
　Item B

Element 3
　Item A
　Item B

Conclusion

図31　タイプⅡ(Point-by-point style)

　一般にタイプⅠ(Block style)(図30)は Item(比較対象)や Element(比較観点)が少ない場合(短い文章で収まる場合)に使われ，Item や Element が多い場合にはタイプⅡ(Point-by-point style)(図31)が適していると言われています。Item や Element が多くなると，関係が複雑になるので，図31からも分かるように，タイプⅡを使ったほうがすっきりします。どちらが論じやすいかは，目的によっても違いますし，書き手のアイディアによって異なってくるので，まずメモを作って，どちらのタイプで書くのか決めるのがよいでしょう。

[*22] この Lesson では，比較・対照のマクロ構成の用語として，Item と Element, Block style, Point-by-point style という英語の用語を使います。これは英語のライティングで使われている用語ですが，日本語に適切な訳語がなく，英語のほうが明確に表せるからです。Block style を「固まりスタイル」と覚えるより，スマートではありませんか。

もう1点大切なのは，ItemやElementを並べる順序を全体で統一することです。図30，図31でItemやElementがそれぞれ，Item A，B及びElement 1，2，3の順になっていることを確認してください。例えば，図28のタイプIでも，図29のタイプIIでも，まず「東京」，次に「大阪」の順になり，Elementは「言葉」，「食べ物」，「ファッション」の順になっています。Good writing研究で「読みにくい」と評価されたものには，この順番が統一されていなかったり，1つのパラグラフに「東京」のことや「大阪」のことが交差して出てくるものでした。順序を統一するということは，読み手に親切であるための，ひいてはgood writingのための条件の1つです。

「比較・対照」のポイント

- **Item**（比較対象）と**Element**（比較観点）を整理する
- 基本構成（**Block style**か**Point-by-point style**）を考える
- **Item**や**Element**の順序を統一する

2.「比較・対照」の分析：基本

　次の**サンプル⑰**，**⑱**は，プロンプトHに対して学生が書いたものです。**サンプル⑰**，**⑱**はどのような構成になっていますか。また，構成を明確にするために，どのような工夫がなされていますか。気づいた点をクラスメートと話し合ってみましょう。

プロンプトH

　大学新聞が「私たちの食生活特集号」を出すので，原稿を募集しています。私たちの日常生活では，多くの人がファーストフード（ハンバーガー，牛丼など）とスローフード（家庭でゆっくり味わう手作りの料理）を食べています。ファーストフードとスローフードを比較し，それぞれの良い点や悪い点などを説明して，「食生活」についてのあなたの意見（600字程度）を大学新聞に送ってください。

サンプル⑰

ファーストフードとスローフード

K A

　ファーストフードとスローフード、どちらも私たちの食生活に根付き、欠かせないものとなっている。そしてそれぞれに異なる特徴がある。ここではファーストフードとスローフードを比較し、それぞれの良い点と悪い点を明らかにすることで、私たちの食生活について考察していく。
　まず、ファーストフードについてである。ファーストフードはその名の通

り、手軽にすぐに食べられる点が最大の魅力である。また、価格も手頃なため、幅広い年齢層から支持を得ている。特に中高生の利用が多いのではないだろうか。最近では大手ファーストフードチェーン同士の激しい販売競争もあり、品質や味といった面でも向上しているといえる。まさに「安い・速い・うまい」である。しかし、このように多くの人々から愛されているファーストフードであるが、悪い点もある。ファーストフードの最大の欠点は栄養面であろう。ファーストフードのメニューは揚げものが多く、高カロリーのものがほとんどである。また肉や炭水化物ばかりで野菜が極めて少ない。こういった点から、ファーストフードばかり食べていると体に悪影響を及ぼす危険性が高いといえる。つまり、ファーストフードは安くて速くておいしいが、摂取量に気を配る必要があるのである。

　次にスローフードについてである。スローフードとは家庭でゆっくり味わう手作りの料理のことである。スローフードは各家庭によって異なるが、基本的には栄養面が考慮された体にやさしい料理であるといえる。しかし、スローフードの利点は栄養面もさることながら、家庭でゆっくりと家族と食事をとるという点にあるのではないだろうか。このような「食べ方」環境は食生活において非常に重要であると私は考える。こういった環境は精神面にも良い影響を及ぼすからである。一方、スローフードの欠点は、料理をする手間がかかるということである。毎日のメニューを考えたり、準備や後片付けをすることは結構な負担である。

　以上のことから、私は私たちの食生活にはバランスが必要であると考える。バランスとは、スローフードとファーストフードのとり方である。私たちの食生活は、栄養面でも精神面でも良いスローフードを中心とし、たまに手を抜きたい時や気分転換、イベントとしてファーストフードを利用するのが良いだろう。ファーストフードとスローフード、上手くつきあっていくことが大切である。

サンプル⑱

ファーストフードとスローフードの比較

N S

　現在、ファーストフードが充実し、私達には身近な存在になった。それは、忙しい現代人の生活に合った食事のスタイルだったことが理由に挙げられる。しかし、私は今こそスローフードの食事スタイルを見直すべきだと考える。そうすることで現代人の直面する問題の解決策が見えてくるからだ。生活習慣、家族、そして環境問題の三点に注目し、理由を詳しく述べたい。

　まず、現代人の生活習慣については、ファーストフードの利点である、速くて手軽というスタイルがとても便利であるが、それによって生活習慣病が引き起こされている事実が挙げられる。一方、スローフードは、手間や時間

が掛かるといった弱点があるが、栄養やカロリーに気を遣い調節できる上、食に対し気を遣う意識が生まれると考えられる。節約にもなり、体とお財布に優しい習慣と言えよう。

　次に、家族については、上記のように、忙しい現代人の生活の中で家族団らんも少なくなっていることが挙げられる。そこで、スローフードの弱点である手間や時間がかかるといった点を逆手に取り、家族団らんを行うきっかけにすることができるのではないかと考える。さらに家族の味が家族の絆を深める役になることが出来れば素晴らしい。

　最後の環境問題について、よく耳にするのは、ファーストフード店のハンバーガーの大量生産のために、家畜を育てる牧場に森林が姿を変えているという話だ。大量生産し、余ればごみが大量に発生する。ファーストフードに比べ、スローフードは食べる分を買い、料理する。地球と良い関係を取り戻す手段であると考える。

　以上のように、スローフードは健康、財布、家族、地球に優しい習慣と言える。身の周りの大切なものを守るためにも、今、現代人は食生活を見直すことが大切だと主張したい。

　サンプル⑰、⑱の本論を見てみましょう。基本的に Block style をとっているのはどちらで、Point-by-point style をとっているのはどちらか、サンプル番号を書きましょう。その際、Item に当たるのは何ですか。また、Element に当たるのは何ですか。下の表に記入してください。

Block style:

Item A:

　Element 1:

　Element 2:

Item B:

　Element 1:

　Element 2:

Point-by-point style:

Element 1:

　Item A:

　Item B:

Element 2:

　Item A:

　Item B:

Element 3:

　Item A:

　Item B:

答えは，以下の表のように，サンプル⑰がBlock styleで，サンプル⑱がPoint-by-point styleです。サンプル⑰のItemは順に「ファーストフード」と「スローフード」で，Elementは順に「良い点」「悪い点」です。サンプル⑱のElementは順に「生活習慣」「家族」「環境問題」で，Itemは順に「ファーストフード」「スローフード」ですね。

```
Block style：サンプル⑰

Item A:   ファーストフード
    Element 1:   良い点
              （最大の魅力）
              （支持を得ている）
              （向上している）
    Element 2:   悪い点
Item B:   スローフード
    Element 1:   良い点（利点）
    Element 2:   悪い点（欠点）
```

```
Point-by-point style：サンプル⑱

Element 1:   生活習慣
    Item A:   ファーストフード
    Item B:   スローフード
Element 2:   家族
    Item A:   [       ]
    Item B:   スローフード
Element 3:   環境問題
    Item A:   ファーストフード
    Item B:   スローフード
```

　Block styleで書かれたサンプル⑰を詳しく見てみましょう。Item A「ファーストフード」のElement 1として「良い点」を挙げることができるのは，Item Aの説明の中で「最大の魅力」や「支持を得ている」「向上している」などの表現が使われていることから判断可能です。「良い点は…」「悪い点は…」と明確に述べるのも1つの方法ですが，上記のように言い換えて変化をつけると表現に幅が出てきます。ただし，順序の統一は大切です。ファーストフードの良い点のまとめとして，「まさに「安い・速い・うまい」である。」と書いてありますが，その前の説明では，「手軽にすぐ食べられる」（速さ），「価格も手ごろ」（安さ），「品質や味」（おいしさ）の順で出てきています。それに合わせて「速い・安い・うまい」の順でまとめるほうが読み手の頭の中にもすっきり入るでしょう。

　次に，Point-by-point styleで書かれたサンプル⑱と上の図を見てください。2番目のElementの「家族」については，Item A「ファーストフード」の記述がありません（図の[ ]）。これは，ファーストフードを食べに家族で出かけて一家団らんというイメージが日本では浮かびにくく，わざわざ書く必要がないと，書き手が判断したからでしょう。確かに，Itemをきちんと述べていくと分かりやすいですが，冗長な印象を与える場合もあるので，容易に想像できることは省略するほうがいい場合もあります。このような点は，書いたものについてクラスメートと意見交換することによって，何が必要な情報で何が省略可能なのか明らかになっていくのではないでしょうか。

◆ メタ言語

　サンプル⑰にもサンプル⑱にも，メタ言語が効果的に使われています（本文中の　　　）。メタ言語は，文章の内容そのものではなく，話の展開を読み手に説明して，話を追いやすくする機能を持っています。構成と関連づけて整理しておくと，使いやすいでしょう。以下，整理してみましょう。

　まず，サンプル⑰に使われているメタ言語を見てみましょう。序論の最後に，予告のメタ言語が使われています。「「良い点」と「悪い点」を明らかにすることで」と表現し，Element（「良い点」「悪い点」）が述べられています。

　　　ここではファーストフードとスローフードを比較し，それぞれの良い点と悪い点を明らかにすることで，私たちの食生活について考察していく。

　そして，本論では，順に「まず」「次に」が，結論では「以上のことから」というメタ言語が使われ，読み手の理解を助けています。

　次に，サンプル⑱に使われているメタ言語を見てみましょう。サンプル⑰と同じように，序論の最後に，予告のメタ言語が使われています。ここでも「三点に注目し」と述べて，Element（「生活習慣」「家族」「環境問題」）を明らかにしています。

　　　生活習慣，家族，そして環境問題の三点に注目し，理由を詳しく述べたい。

　本論では，Elementが3つなので，「まず」「次に」「最後の」の3つのメタ言語が使われ，結論では「以上のように」が使われています。

　以上のサンプル⑰，⑱に使われていたメタ言語を参考に類似表現をあげると，以下のようになります。

序論：予告のメタ言語
- ▶ 〜することにより／によって，〜を考察・検討していく
- ▶ 〜に注目することにより／によって，理由を（詳しく）述べたい

本論：
- ▶ まず，次に，最後に（最後の〜については）

結論：まとめのメタ言語
- ▶ 以上（のこと）より，……
- ▶ 以上のように，……

「比較・対照」の文章では，構成を明確にするためにも，メタ言語を工夫して効果的に使ってみてください。

◆「比較・対照」の表現

「比較・対照」の文章でよく使われる表現を整理しておきます。比較の文章で大切な点は，何と何をどのような点から比較するのか（比較の視点）を明確にすることです。また，比較しているものが類似しているということを言いたいのか，逆に違っているということを言いたいのかによって，使われる表現も異なります。

比較の観点を表す表現
　〜という点／観点／面から比較すると，〜という点から見ると，
　〜という点に関しては，〜という点において

類似を表す表現
　同様に，両者とも，X のみならず Y も

違いを表す表現
　X とは対照的に，Y は〜。
　X は〜であるのに対し，Y は〜。
　X は〜。一方，Y は〜。

3.「比較・対照」の分析：応用

　ここまでは，Block style と Point-by-point style の文章を検討してきました。この2つは，「比較・対照」の基本的なスタイルです。きちんとまとめたいときには，このスタイルのどちらかで書くといいでしょう。ただし，「型」が重要な英語のエッセイとは違って，日本語の場合には，もう少し柔軟に型を崩してオリジナリティを出して書いてもよいようです。

　次の**サンプル⑲**は，プロンプトⅠに対して学生が書いたものです。「高校生活」と「大学生活」がどのように比較されているでしょうか。

プロンプトⅠ

「高校生活と大学生活」についての文章を『新入生ハンドブック』に載せます。類似点と相違点に着目して800字〜1000字で文章を書いてください。

サンプル⑲

楽しい生活を送るために

M K

　新入生のみなさん、ご入学おめでとうございます。長いながい受験勉強、お疲れ様でした。みなさんは、大学生活にどんなイメージを持っているのでしょうか？また、いろいろな期待を抱いていることと思います。そこで、今回は高校生活と比較しながら、大学生活を紹介しようと思います。

　高校生活も大学生活も、<mark>多くの仲間と過ごす</mark>ことに変わりはありません。サークル活動は部活動と同じように、学年やクラスの垣根を越え、さまざまな出会いがあります。また、授業では"グループワーク"といって、複数の学生が協力して発表・資料作成などを行う機会が多くあります。仲間と仲良く楽しく生活することは、大学生活でも欠かせません。しかし、大きな違いもあります。それは、年齢・大学・出身地などもバラバラな、より範囲の広い交友関係が構築されるということです。特に出身地は多様で、それぞれの地元の話をするのはとても面白いです。ぜひ、たくさんの出会いを大切にしてください。

　<u>学業面</u>ですが、宿題は意外と多いものです。自由なイメージのある大学生活ですが、予習・復習などやるべきことをしっかり済ませておかなければ授業についていけません。また、好きな科目のみの履修では卒業できません。自ら計画を立てて、管理をすることが大切です。一方で、専門分野を集中的に学べる分、やる気や興味は高まると思います。なんとなく学ぶのではなく、「これをもっと知りたい」という気持ちを忘れないでほしいです。そして、たくさんの力を付けてください。

　最後に、大学生活を表す言葉を紹介します。それは『<u>時間</u>』です。学ぶ・恋する・経験する・失敗する・楽しむ…これらに充てる時間を十分に持っているのが大学生活であり、大学生なのだと思います。人によって何にどれくらいの時間を使うかは異なりますが、限られた時間です。人生80年のうちの、たった4年間です。あっという間に過ぎてしまいます。これをどう使うのか、今から少しずつ考えてみてください。大学生活がみなさんにとって、楽しく実りあるものとなるように願っています。

　上のサンプル⑲のマクロ構成を図示すると，以下の図32の左側のようになります．本論を取り出して，Point-by-point styleの構成を示したのが，図32の右側です．

```
序論：挨拶・導入
        ↓
本論：交友関係（類似点・相違点）
    学業面（類似点・相違点）
        ↓
結論：アドバイス（時間の使い方）
```

Point-by-point style

Element: 交友関係
　Item: 高校と大学の類似点
　Item: 高校と大学の相違点

Element: 学業面
　Item: 高校と大学の類似点
　Item: 高校と大学の相違点

図32　サンプル⑲のマクロ構成と「本論」の構成（Point-by-point style）

　本論では「多くの仲間と過ごす」（交友関係），「学業面」という2つのElementを立て，「大学と高校の類似点」と「大学と高校の相違点」をそれぞれのItemとして論じています。そして，結論では，本論の内容をそのまままとめるのではなく，「時間」という点から大学生活を捉え，「時間の使い方」についてアドバイスをして，締めくくっています。サンプル⑲の結論では，それまで序論・本論で述べてこなかった「時間の使い方」について突然言及しており，一貫性が崩れています。しかし，日本語の場合には，英語のessayほど一貫性について「型」にはまっていなくてもよいようです。このようなまとめ方でもあまり抵抗はないでしょう。ただし，繰り返しになりますが，基本の型を押さえておくことは，アカデミック・ライティングやビジネス・ライティングにおいて大切です。

CHALLENGE!

　高校の同窓会の企画委員になりました。この同窓会には先生方やいろいろな年代の卒業生が集まります。どこで開催するか検討するために，会場を比較する文章を書いてください。

　Block-styleとPoint-by-point styleの両方でチャレンジしてください。図**28-29**（図**30-31**）のように，メモを作ってから書いてください。

Block style：

Point-by-point style：

Lesson 3-5　原因・結果

ここでは，「説明モード」のうちの「原因・結果」の書き方について学びます。

1.「原因・結果」とは

「ある出来事・現象 A が起こると，それに連動して，あるいは影響されて，あるいは A の効果を受けて，別の出来事・現象 B が起こる」という A と B の関係があるとき，出来事・現象 A を「原因」，出来事・現象 B を「結果」と言います。そして，A と B の関係を「因果関係」と言います（図 33 参照。以下の図では，「出来事・現象」を「出来事」と表します）。

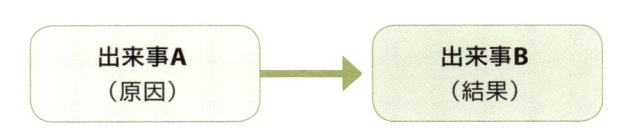

図 33　因果関係

「因果関係」というと難しそうですが，「原因としての出来事・現象 A」のほうが「結果としての出来事・現象 B」よりも古いという時間の流れの中で起きたことと考えると分かりやすいでしょう。ただ，実際には，A と B がすぐに結びついているということはあまりなく，その間にチェーンのように，いくつもの出来事や現象（①〜③）が連なっているのが普通です。これらは，矢印の前の出来事が原因となって，矢印の後の出来事が結果として起こるという「因果関係の連鎖」になっています。図 34 の中では 3 つの出来事が並んでいますが，4 つ以上の場合も，1 つや 2 つの場合も当然あります。

図 34　因果関係の例 1

また，次の図 35 のように，いくつもの出来事（A, B, C）が原因となって，ある結果（D）に至ったり，さらにその途中にいくつかの出来事や現象（①，②，③）が関係しているということもよくあることです。こちらもそれぞれ「因果関係の連鎖」になっています。

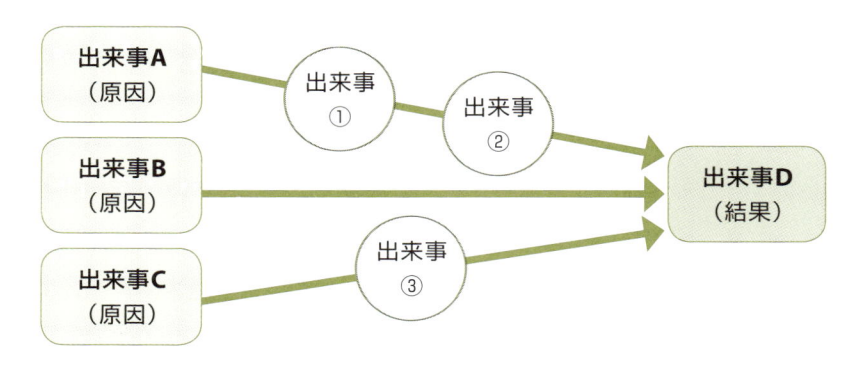

図35　因果関係の例2

　このように，原因と結果を考えるにはいろいろな方向から連鎖を考えることが必要になります。
　ここでは，学生が書いた「スマートフォン普及の原因」(プロンプトJ)，「最近の未婚化・非婚化の原因と結果」(プロンプトK)という2つの課題を例に，「原因・結果」の文章の書き方を学習します。1つ目の課題は「原因」についてのみ述べ(**サンプル⑳，㉑**)，2つ目の課題は「原因」と「結果」の両方について書かれています(**サンプル㉒**)。「未婚化・非婚化が進むとどうなるか」という「結果」のみについて書くことも可能ですが，ここでは扱いません。
　「原因・結果」についての文章で大切なことは，「読み手に「なるほど」と思わせるような書き方，つまり，客観的で正確な情報(例えば，統計的データ)に基づく分析をして，それを読み手に分かりやすく，かつ説得力を持って説明することです。それには，これまでに学習した「マクロ構成」や「メタ言語」なども関わってきます。

2.「原因・結果」の分析：基本

　次の**サンプル⑳，㉑**はプロンプトJに対して学生が書いたものです。まずは，「マクロ構成」，「メタ言語」に注目して読んでみてください。その後，「原因」の分析をします。

◆ 構成とメタ言語1

プロンプトJ

　スマートフォンが普及しつつあります。その原因は何だと考えられますか。本文600字程度のレポートを書いてください。

サンプル⑳

スマホ普及の原因

A S

　先日実家に帰省したところ、驚くことに、機械音痴である父が携帯電話をスマートフォンに替えていた。父を始めとして、私を取り囲む人々のスマートフォン所持率は日ごとに増えている。なぜスマートフォンはここまで私たちを魅了するのだろうか。ここでは、その理由を三つに分けて述べたい。

　一つ目の理由として、その使いやすさが挙げられる。基本的な操作がタッチパネルであるため、拡大や縮小が簡単にできる。また、ボタン式携帯電話とは違い、何度もボタンを押さなくても、指をすべらせるだけで文字を打つことが可能である。

　二つ目の理由として、スマートフォン専用のアプリが充実していることが挙げられる。アプリとは、パソコンで言えばソフトのようなもので、その種類は何十万とある。ゲームとしてのアプリに限らず、手帳や家計簿をつけることのできるアプリなどもあるため、老若男女問わず楽しむことができる。

　三つ目の理由として、ボタン式携帯電話に比べて、インターネットを利用しやすいことが挙げられる。ボタン式携帯電話は、パソコン用のページが小分けに画面に表示されるため、非常に見づらい。しかしスマートフォンの場合、パソコンと同じように表示され、気になる箇所を拡大して見ることができる。これは、情報化社会である現代において大きな武器である。

　以上に述べた三点が、スマートフォンが普及しつつある主な原因だと考える。

　サンプル⑳は典型的な5パラグラフのエッセイです。以下の図36のように，序論，本論3パラグラフ，結論から成っています。序論はどうでしょうか。読み手に「どうして機械音痴のお父さんがスマートフォンに変更したのだろう？」という読む動機を与えています。この「先日実家に帰省したところ、驚くことに、機械音痴である父が携帯電話をスマートフォンに替えていた。」が「読み手を読む気にさせる文」です。また，「その理由を三つに分けて述べたい」と，メタ言語があり，以後，各パラグラフが「一つ目の理由として」「二つ目の理由として」「三つ目の理由として」として始められ，ほぼ同じような長さになり，それぞれ例を挙げて説得的な説明がなされています。

```
序 論： 導入（読み手を読む気にさせる文）
        メタ言語
          ↓
本 論： 一つ目の理由
        二つ目の理由
        三つ目の理由
          ↓
結 論： まとめ
```

図36　サンプル⑳のマクロ構成

TRY! ①

　このサンプル⑳の構成で残念な箇所が1つあります。それは，せっかくきれいなマクロ構成ができつつあるのに，最後の結論が1文のみで，それまでに述べたことをまとめた形になっておらず，序論との呼応がないことです。2文以上使って，実質的に意味のあるようなまとめ方をする必要があります。序論と呼応させると，ぐっとよくなるでしょう。では，実際にどのように修正するといいと思いますか。結論を考えてみてください。そして，それをクラスメートと比べてみましょう。

◆ 本論（原因・結果）の分析 1

　それでは，次に，サンプル⑳の本論を「原因・結果の連鎖」という観点からもう少し詳しく分析してみましょう。ここでは，「スマートフォンの普及」という「結果」に対して3つの原因を挙げて説明しています。以下の図37の左側の3つの事柄が原因で，右側が結果です。さて，みなさんはこの3つの事柄が原因でスマートフォンが普及しつつある，という連鎖に納得できますか？

```
┌─────────────────────┐
│ ボタン式携帯電話より使いやすい │
│      （原因①）       │
└─────────────────────┘ ──┐
┌─────────────────────┐    │   ┌──────────┐
│  アプリが充実している   │ ──┼──▶│スマートフォン│
│      （原因②）       │    │   │  の普及   │
└─────────────────────┘    │   │  （結果）  │
┌─────────────────────┐    │   └──────────┘
│ ボタン式携帯電話よりインター │ ──┘
│ ネットが使いやすい（原因③）│
└─────────────────────┘
```

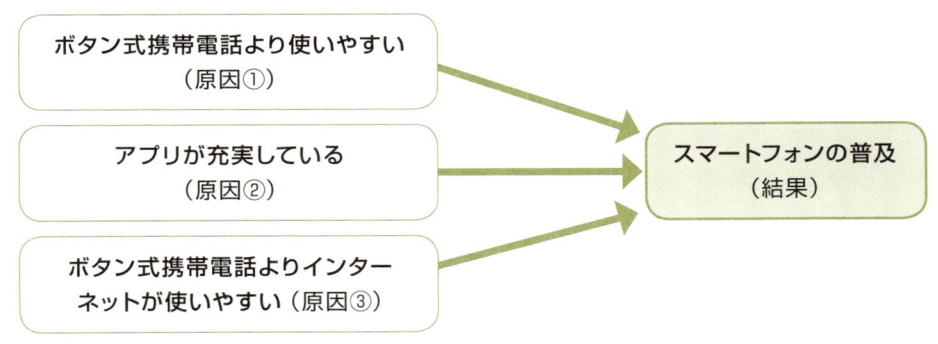

図37　サンプル⑳の「本論」の因果関係

　上の図37の原因①〜③について，さらに別の原因や結果が関係していないか，因果関係の連鎖を考えてみましょう。

```
┌──────────┐  ┌──────────┐
│タッチパネルで│  │ボタン式携帯電話│
│拡大縮小や  │─▶│より使いやすい │─────────┐
│文字入力が簡単│  │  （原因①）  │         │
│（原因①の原因）│  └──────────┘         │
└──────────┘                          ▼
              ┌──────────┐  ┌──────────┐  ┌──────────┐
              │ アプリが   │  │アプリが充実 │  │スマートフォン│
              │ 充実している│─▶│していると，  │─▶│ の普及    │
              │ （原因②） │  │老若男女楽しめる│  │ （結果）   │
              └──────────┘  │ （原因②-1） │  └──────────┘
                           └──────────┘         ▲
              ┌──────────┐  ┌──────────┐        │
              │ボタン式携帯電話│  │インターネットが使│       │
              │よりインターネット│─▶│いやすいと，情報社│───────┘
              │が使いやすい（原因③）│  │会では大きな武器 │
              └──────────┘  │になる（原因③-1）│
                           └──────────┘
```

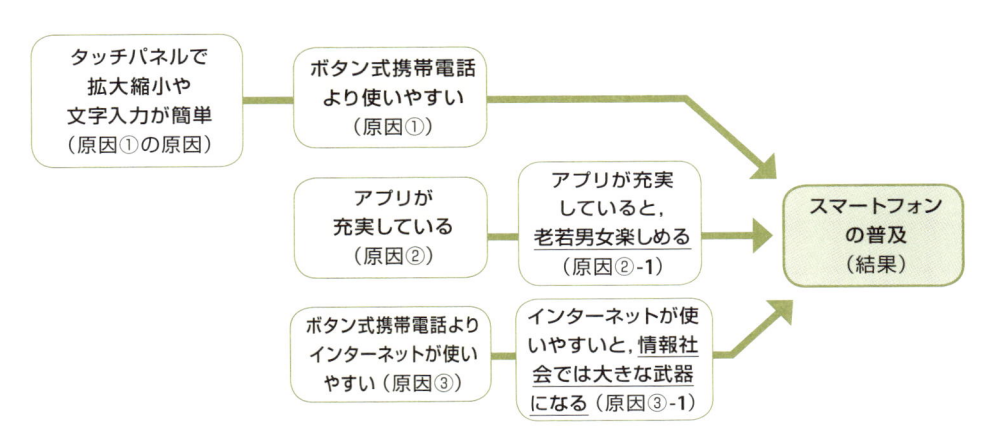

図38　サンプル⑳の「本論」の因果関係

　図37の原因①〜③について，さらに別の出来事や事象が原因や結果として連鎖している様子を図にしたのが，上の図38です。サンプル⑳を見てみると，原因②「アプリが充実している」については，それが原因となって，「老若男女が楽しめる」という結果が書かれています。この結果がさらに原因となって，「スマートフォンが普及する」という結果に至るのでしょう。また，原因③「ボタン式携帯電話よりインターネットが使いやすい」については，それが原因となって，「情報化社会では大きな武器になる」という結果が述べられています。これがさらに原因となって，「スマートフォンが普及」するのでしょう。

　原因①「ボタン式携帯電話より使いやすい」は，原因②，原因③と少し違っていて，「原因①の原因」を本文中で説明しています。「原因①の原因」とは，「なぜスマートフォンはボタン式携帯電話より使いやすいのか」ということで，つまり「タッチパネルで拡大や縮小が簡単で，文字入力も簡単である」ということが説明されています。これが原因となって，スマートフォンがボタン式携帯電話より使いやすいという話の流れになっています。このように図を使うと，うまく整理できますね。

◆ 構成とメタ言語 2

次の**サンプル㉑**も，**サンプル⑳**と同じ課題（プロンプト J）に対して書かれたものです。この**サンプル㉑**も，原因の分析は 2 つの全く異なる視点から述べられ，それなりに説得的に書かれていますが，どこか足りないところはないでしょうか。考えながら，読んでみてください。

サンプル㉑

スマホ普及の原因

M K

　スマートフォンが普及している原因は、二つあると考えられる。
　<u>一つは</u>、携帯電話よりも便利だからだ。携帯電話の主要機能はもちろん、インターネットで PC 専用ページの閲覧が可能なことや、欲しい機能を"アプリ"という形でダウンロードできることなど、自由度も高い。また、画面が大きいため動画の視聴やカメラ機能を使用する時にも勝手がいい。フリック操作といって、画面に指をあててスライドさせることにより文字入力ができる機能もある。携帯電話でボタンを押すよりも、非常に速い操作が可能だ。このような多機能さは、スマートフォンの大きな強みだ。
　<u>もう一つは</u>、iPhone の普及に対する抗戦だ。2011 年 3 月時の日本国内スマートフォンシェアは、第一、三、四位が米アップル社の iPhone だった。二位には NTT ドコモの Xperia が入ったものの、依然として iPhone の人気は高い。そこで、日本の携帯電話企業は国内メーカーのスマートフォンを普及させるため、日本らしさの強いスマートフォンを次々と開発した。赤外線通信や防水機能、おサイフケータイなど iPhone にはない機能を搭載することにより、スマートフォン購入を悩んでいる携帯電話ユーザーを引き込んだのだ。その結果、全体的にスマートフォンが多く使われることとなったと考えられる。
　"高機能携帯電話 ＋ PC を持ち歩く"という便利で新しい感覚は、今後さらに定着し、スマートフォンの普及を一層加速させるのではないだろうか。

　参考文献
　　http://www.abc.cam/　　ABC モバイル
　　http://www.def.cam/page/　　DEF 通信

＊参考文献は架空のものです

　サンプル㉑のマクロ構成を以下の**図 39** に示しました。本論の始めには<u>「一つは」「もう一つは」</u>がメタ言語として置かれており，読みやすくなっています。結論は，本論に書いたことを，ことばを変えてまとめたもので，今後の動向についても述べられています。

```
序 論： 導入
         ↓
本 論： 1つ目の理由
        2つ目の理由
         ↓
結 論： 今後の動向
```
図39　サンプル㉑のマクロ構成

　しかし，みなさんも気が付いたと思いますが，序論が1文しかなく，いきなり，「スマートフォンが普及している原因は、二つあると考えられる」で始まっています。結論も，長い文ですが，1文です。繰り返しますが，good writing の考え方においては，パラグラフを1文で構成することはほとんどないと言っていいでしょう。

TRY! ❷

　サンプル㉑に合わせて，効果的な「序論」を考えてみてください。サンプル⑳の序論も参考になるでしょう。序論の役割は，その文章でどのようなことを，どのように述べるかを示すと同時に，読み手に「読んでみたい」と思わせる動機づけをすることです。改めてサンプル⑳を読んでみると，「機械音痴であるお父さんがどうしてスマートフォンを使うようになったのだろう，読んでみたい」と思いませんか。

◆ 本論(原因・結果)の分析 2

サンプル㉑では,「スマートフォンの普及」という「結果」に対して 2 つの原因を挙げて説明しています。さきほどのサンプル⑳と同じように全体の構成を図にしてみましょう。以下の図 40 の左側の 2 つの事柄が原因で,右側が結果です。さて,みなさんはこの連鎖に納得できますか？

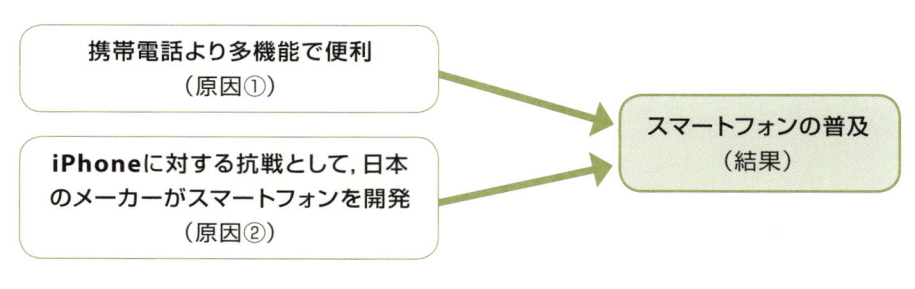

図 40 サンプル㉑の「本論」の因果関係

上の図 40 の原因①②について,別の原因や結果が連鎖していないか,考えてみましょう。

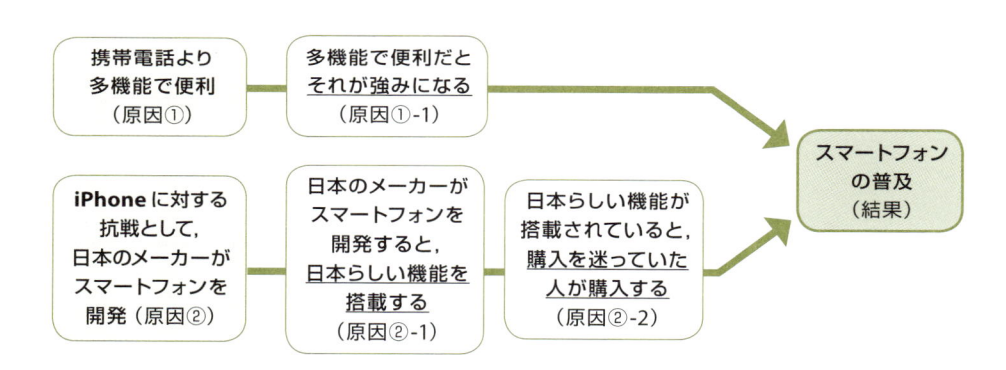

図 41 サンプル㉑の「本論」の因果関係の詳細

図 40 の原因①②について,さらに別の出来事や事象が原因や結果として連鎖している様子を示したのが,図 41 です。サンプル㉑を見てみると,原因①は「従来の携帯電話よりも多機能で便利である」ということが挙げられ,その結果として「多機能で便利だとそれが強みになる」と述べられています。

一方,原因②は「iPhone に対する抗戦だ」と述べられています。これだけ読むと,「なぜ iPhone に対する抗戦がスマートフォン普及の原因なのか」分かりにくいですが,読み解いて図に整理してみると,原因と結果の連鎖がパラグラフ中に書かれていることが分かります。

このように，因果関係の説明は多少くどいと思われるくらいに丁寧にするほうが，話の流れとしては分かりやすくなります。読み手の理解をなるべく助けるように配慮しながら文章を書いてみましょう。Writer responsibility を思い出してください。

◆ レジスター

　レジスターとは，話し手や書き手が場面や相手によって使い分ける表現やスタイルのことでしたね。このエッセイの課題（プロンプト J）は「スマートフォン普及の原因」だったのですが，**サンプル⑳**も**サンプル㉑**も偶然，タイトルは「スマホ普及の原因」と，「スマートフォン」が略され「スマホ」になっています。学生が読者である学生新聞など，軽い読み物なら，これでもいいのですが，レポートなどのアカデミック・ライティングでは正式名を用いるようにしてください。そんなことは当然だと思うかもしれませんが，きちんとしたレジスターを使いこなすことは意外と難しいのです。巻末の「Good writing のための評価基準」の E「言語面」の「b 適切さ（レジスター）」の項目を常に参照し，意識するようにしましょう。

CHALLENGE! ❶

　最近普及しているものやサービスを何か1つ考えて，その普及の原因について説明してみましょう。文章執筆の際には，以下のマッピングを使って情報を整理します。

(1) 右端の四角(**結果**)に，普及しているもの・サービスを書きます。
(2) 左端の四角(**原因①，原因②，原因③**)に，その普及の原因を複数挙げてみます。
(3) 原因と結果の間に，さらに別の原因(**原因①-1，原因②-1，原因③-1**)がないか連鎖を考えましょう。別の原因がない場合もありますが，さらに別の原因が連鎖する(例えば原因①と原因①-1の間や，原因①-1と結果の間)場合もあります。

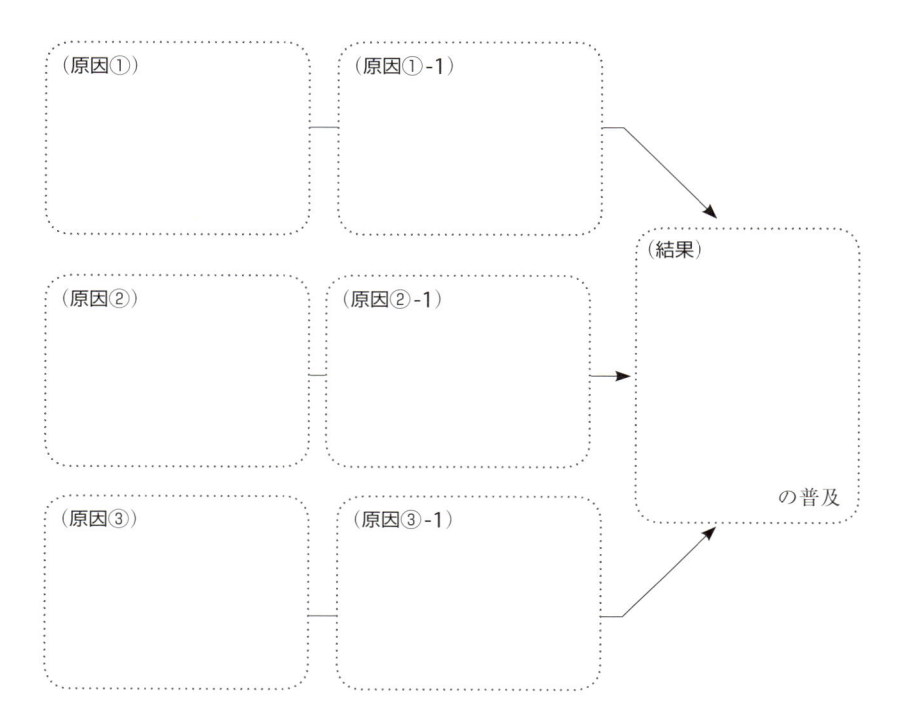

```
(原因①)      (原因①-1)
                              ↘
                                (結果)
(原因②)      (原因②-1)    →
                                        の普及
(原因③)      (原因③-1)
                              ↗
```

(4) 作成したマッピングを参考に，5パラグラフ程度の文章にまとめてみましょう。執筆する際にはタイトルも考えてみてください。

　タイトル：

(5) 書き終わったら，クラスメートと交換して，コメントを出し合いましょう。

3.「原因・結果」の分析：応用

さらに別の課題による文章を見てみましょう。次の**サンプル㉒**は、プロンプト K に対して学生が書いたものです。

プロンプト K

内閣府による資料にある第 1-2-5 図，第 1-2-6 図，第 1-2-7 図を見てください（http://www8.cao.go.jp/shoushi/shoushika/whitepaper/measures/w-2012/24webhonpen/html/b1_s2_1_2.html）。図にあるように，近年日本人の婚姻率が下がり，未婚率が男女とも上昇しています。この現象の原因と，この現象による結果について，1000 字程度のレポートを書いてください。

サンプル㉒

未婚率上昇の原因と結果

M K

　近年、未婚率がどんどん上昇しています。わたしは、この原因を二つの面から考えてみました。一つめは、結婚の必要性が低下したこと、二つめは、結婚したくてもできない人々が多く存在するということです。

　例えば前者への影響として、女性の大学進学率・社会進出の増加、グローバル化による男女の"自由"な生き方志向、お一人様文化の定着などが考えられます。自分のやりたいことや勉強、仕事には当然お金も時間も必要です。結婚によって失うであろう自由を守るため、それをしない人々（近年は特に女性）が増加したのではないでしょうか。また、これにより「結婚＝幸せ」「結婚＝当たり前」という一般的な概念は崩れ、結婚に興味がなくなった人々も多く存在すると考えられます。最近では、一人でも入りやすい居酒屋やカラオケ、一人旅プランなども整い、今や「お一人様」は誰もが知る言葉となっています。

　後者への影響は、収入面が大部分を占めていると思います。就職難により派遣社員やフリーターとしての雇用が増加していますが、彼らの収入は正社員よりも格段と少なく、家庭を持ちたくてもそれに見合った収入が期待できないため、結婚を断念するのが実情なのです。夫婦共働きならば乗り越えていけることとも思えますが、不安定な雇用形態と収入では、安心できる家庭は築けないと考え、結婚に踏み切れないのではないでしょうか。

　では、これらの原因により、日本ではどのようなことが起こるのでしょう。まず、このまま未婚率が上昇すると仮定した場合、労働者人数は横ばいまたはそれ以上となり、さらに就職が困難になると考えられます。親や特別な援助に頼る人を除き、一人で生活する人々はお金を稼がなければなりません。

ということは、辞めることなく働き続ける人が増加するのです。そして現在、企業は社員を増やす必要がなくなり、高校生や大学生の就職はさらに厳しくなっています。

また、独居の割合も増加するでしょう。現在は若くても、数十年後には一人で老後を迎え、一人で生涯の幕を下ろす人々が後を絶たなくなるのです。近年、孤独死の問題が取り上げられていますが、一人で亡くなっている姿を発見することやこのような寂しい最期を、皆望んでいるのでしょうか。

そして、当然子どもの人数は、減少の一途をたどります。確かに、結婚していなくても出産は可能ですし、育てられます。しかし、法律に基づいた結婚をしていなければ、子どもは非嫡出子となり、相続や家族関係、子育てなど様々な問題が付きまといます。この煩わしさも相まって、結果的に子どもが増えることはないのです。

未婚率の上昇は、今後の日本を明るくするとは言えません。しかし、だからと言って単に結婚すればいいという問題でもありません。未婚率の上昇は、個々人の考え方や状態、日本全体の流れなどが複雑に絡み合って起こっています。この現状や人々の結婚意識を大きく変えるのは難しいですが、制度や仕組みを少しずつ改善していくことが今の課題なのだと思います。

◆ マクロ構成

サンプル㉒のマクロ構成を図式化してみます（図42）。

```
序論： 未婚率上昇の原因2つの紹介
       原因①  結婚の必要性の低下
       原因②  結婚したくてもできない人の存在
          ▼
本論： 原因①への影響：女性の大学進学率・社会進出の増加，
         グローバル化による男女の"自由"な生き方志向，
         お一人様文化の定着
       原因②への影響：就職難による収入減
       未婚率上昇の結果①：労働者数横ばいによる就職難
       未婚率上昇の結果②：独居の増加による孤独死
       未婚率上昇の結果③：子どもの減少
          ▼
結論： 結び
       現状：さまざまな原因が絡んでいる
       将来への課題：原因となる制度や仕組みの改善が必要
```

図42 サンプル㉒のマクロ構成

序論では未婚率上昇の原因についてのみ触れ（結果には触れずに），すぐ次のパラグラフに移っています。次のパラグラフからが本論で，最初の2つが「未婚率上昇の原因」についてです。そして，次に「では，これらの原因により，日本ではどのようなことが起こるのでしょう。」と，「未婚率上昇の結果」に移ります。この1文ではパラグラフは成立しないので，やはり，前の段落の最後か，次の段落の冒頭に持っていくべきでしょう。ちょうど予告のメタ言語と同じですね。そして，4番目から6番目のパラグラフで「未婚率上昇の結果」について述べています。最後の結論のパラグラフでは，冒頭で「未婚率の上昇は，今後の日本を明るくするとは言えません」と，全体をまとめて述べています。しかし，それでは解決策にはならず，この問題にはいろいろな要素が複雑に絡み，個人の結婚意識を大きく変えるのは難しいとしたうえで，原因を助長していると考えられる制度や仕組みを改善していくことが今後の課題だと，述べています。よく考えられた構成だと思いませんか。論文ならば，改善案を提示しなければならないところですが，これはレポートなので，ここまでで十分でしょう。これを書いた学生は，一度下書きをしたものを，少し置いておいて，推敲するのだと言っていました。さっとその場で書いたものとは違うことが分かりますね。

CHALLENGE! ❷

　以下の順序にしたがって，「原因・結果」の文章を書いてみましょう。

(1) 以下のサイトを使って，政府の府省庁の統計調査の結果や白書・報告書などのWebサイトからグラフを1つ見つけましょう。あまり複雑なグラフは選ばないようにします。

電子政府の総合窓口 e-Gov（イーガブ）
　▶ https://www.e-gov.go.jp/about-government/statistics.html
　政府の各府省庁が実施した統計調査の結果のページへのリンクが紹介されています。
　　例えば，
　　　内閣府による「景気動向指数」や「GDP」
　　　外務省による「海外在留邦人数統計」
　　　文部科学省による「学校基本調査」
　　　厚生労働省による「人口動態調査」
　など，国の全体像を知るための基礎的調査の統計データへのリンクがあります。

電子政府の総合窓口 e-Gov(イーガブ)
▶ https://www.e-gov.go.jp/about-government/white-papers.html

政府の各府省庁の白書・年次報告書などのページへのリンクが紹介されています。

例えば,
　　警察庁による「警察白書」
　　法務省による「犯罪白書」
　　外務省による「ODA白書」
　　文部科学省による「文部科学白書」
　　環境省による「環境・循環型社会・生物多様性白書」

など,各府省庁が一年の間に取り組んだ案件,特に社会問題に関する取り組みを報告した白書を見ることができるサイトへのリンクがあります。

(2) PART II の Lesson 2-1「客観的描写」のグラフの説明の仕方も参考にして,グラフについての概要を描写してみましょう。

(3) なぜそのようなグラフになったのか,原因と結果を分析する文章を書いてみましょう。

(4) 書いたものをクラスメートと交換して読み,意見交換してみましょう。

Lesson 4

論　証

ここでは，「論証モード」を用いる文章の書き方について学びます。

1.「論証」とは

「論証」とは，その字から分かるように「論拠を挙げて証明すること」です。論証モードは大学でのレポートや論文でも使われますが，ここでは，アカデミックな場だけではなく，より一般的な場面においても書く機会があるような「意見文」と「問題解決文」について学びます。「意見文」では，自分の意見を述べ，理由や根拠（サポート）を挙げることによって，その意見の正当性，妥当性を示し，相手に理解してもらうことを目的とします。「問題解決文」では，問題解決のための提案を行い，理由や根拠（サポート）を示すことによって，その提案の正当性，妥当性を主張し，相手に提案を受け入れてもらうことを目的とします。どのように自分の意見を述べサポートしていくのか（意見文），また，どのように自分の提案をサポートしていくのか（問題解決文），具体的にみていきましょう。

2. 意見文

まず意見文について分析してみましょう。筆者たちは，学生に大学新聞への投稿文を書いてもらいました（プロンプトL）。次のサンプル㉓はそのうちの1つで，遠方から通学する学生への支援を大学に求めるものです。

> **プロンプトL**
>
> 　「○○大学新聞」へ，「今，一番訴えたいこと・改善して欲しいこと」というテーマで投稿してください。本文800字程度の文章を書いてください。

サンプル㉓

遠方から通学する学生へのサポートを

M K

　○○大学は、新校舎の増設や様々な大会の賞品、セミナー開催などに多くの資金を費やしていると思います。それは○○大学を盛り上げるためには必要なことでしょう。しかし、それはごく一部の学生にしか関係のないものだと思います。事情があって一人暮らしができない学生や、同じ県内でも意外と時間のかかる地域から通学している学生は、公共交通機関の時間の都合により、セミナーなどに参加したくても参加できないことが多くあります。私もその一人です。このような時は、正直不公平だと感じてしまいます。そこで、私は遠方から通学する学生を2つの面からサポートしてほしいと考えました。

　1つ目は、時間的サポートです。1限や5限に出席するのは、遠方学生にとって非常に大変です。たとえば、私は今、○○県△△市から片道約3時間かけて通学しています。5限に出席すると、帰宅するのは21時過ぎです。翌日に1限があるときや宿題が出されることがあると、睡眠時間を削ることになり、授業にも支障がでてきます。そこで、1限と5限には必修科目を設定せず、自由科目のみを設定してほしいのです。そうすれば、単位と時間の究極の二択を迫られることはなくなります。

　2つ目は、金銭的サポートです。私の場合には実家からバス、JR、地下鉄を乗り継ぎ、1か月30,000円以上の通学費が必要です。一人暮らしよりは安く済んでいますが、通学時間が長いため平日にアルバイトができず、負担は大きいです。通学費を少しでも補助してもらえたら、頑張る気力も増すと思います。

　大学は義務教育ではないため、全て個人負担は当然です。しかし、少しでも学生をサポートしてくれる態勢があれば、より多くの学生が大学生活を充実させられるのではないでしょうか。この訴えが多くの読者に届き、改善のきっかけになることを願っています。

◆ 構成とメタ言語

　サンプル㉓のマクロ構成（図43）を見ると，まず大学の現状について述べ，何が問題となるのか，つまり，大学がお金をかけてやっていることは，遠方から通学する学生には関係がない場合もあり，不公平だということについて述べています。そして，序論の最終部でこの文章全体のメイン・アイディア，遠方から通学する学生へのサポートを充実させることを主張しています（本文中の　　）。既にここで，遠方から通学する学生への援助の必要性を感じさせる勢いがあります。本論では，どのようにしたら遠方からの学生をサポートできるのか，2つの観点から具体的に示しています。1つ目は時間的サポートで，2つ目は金銭的サポートです。そして，最後に，確かに大学は義務教育では

ないのだがと断ったうえで，上記のようなサポートをしてくれたら，遠方からの学生ももっと充実した大学生活を送れると結んでいます。このように，自分の意見とは異なる意見（「金銭的サポートはしないのが当然」という意見）を考慮していることを示すと，書き手の意見を押し付けすぎず，逆に説得的になるという効果があります。

```
序論： 現状と「遠方から通学する学生へのサポート」の提案
       メタ言語
         ↓
本論： 1つ目のサポート：時間的サポート
       2つ目のサポート：金銭的サポート
         ↓
結論： 主張の繰り返し
```

図43　サンプル㉓のマクロ構成

サンプル㉓の二重下線の部分は，この意見文の展開を分かりやすくするための予告のメタ言語です。ここでは，「2つの面からサポートしてほしい」と，あらかじめ述べておいて，次のパラグラフで「1つ目は，時間的サポートです」，その次のパラグラフで「2つ目は，金銭的サポートです」と示しています。この文が非常に短いので，誰にでも分かりやすく効果的になっているのではないでしょうか。意見文は，相手に読んでもらい，相手の心を動かすことが目的ですから，できるだけ分かりやすく，理路整然と書くことがポイントです。そのためには，メタ言語を上手に使うことです。

◆ トピック・センテンス

次に，各パラグラフのトピック・センテンスがどこにあるか考えましょう。

TRY!

各パラグラフのトピック・センテンスを書き出しましょう。トピック・センテンスは，原則として各パラグラフの冒頭におきますが，序論・結論ではそのルールは必ずしもあてはまらないことを確認してください。

序論：

本論第1パラグラフ：

本論第2パラグラフ：

結論：

序論のトピック・センテンスは，どこにあるでしょうか。序論の場合には，冒頭よりも，序論の最後にくることが多いようです。本論はどうでしょうか。これは既に述べたように，本論の各パラグラフの最初の「1つ目は，……」と「2つ目は，……」の文です。結論は，結論のパラグラフの第2文，「学生をサポートしてくれる態勢があれば，より多くの学生が大学生活を充実させられるのではないでしょうか」の文で，この文章全体の主張（メイン・アイディア）と重なっています。

◆ サポーティング・センテンス

　「サポーティング・センテンス」は，トピック・センテンスやメイン・アイディアを支える文です。その役割を果たすのは具体的にどのようなものでしょうか。例えば，以下のようなものが考えられます。

① 例（トピックに関する具体例）
② 統計的なデータ（〜年には〜が **2,000 人で，……**）
③ そのトピックに関する専門家や団体による発言，説明など

　上の①に挙げた「例」というのは，みなさん，既に得意だと思います。Lesson 3-3の「分類・例示」で学びましたね。②の統計的データに関しては，サンプル㉓の本論の金銭的サポートの箇所で1か月の通学費 30,000 円という数字が出ていて，確かに高いなあという真実味が増します。しかし，より説得力を増すためには，もっと客観的なデータがあったほうがいいでしょう。例えば，「全国（あるいは○○大学が所在する県）の自宅通学の学生の平均通学費は○○円だが，……」というデータがあったら，より説得的になりませんか。③は，このサンプルの場合には適切な例が考えにくいのですが，例えば，癌の新薬発見の記事だったら，権威のある専門家へのインタビューや専門誌からの引用があると，説得力が増すということです。

CHALLENGE! ①

　それでは，みなさんも，実際に意見文を書いてみましょう。上記と同じ「今，一番訴えたいこと，改善してほしいこと」というテーマで，大学新聞ないしは一般紙の投稿欄へ，800字程度の投稿文を書いてください。
　どちらの新聞にするか決める際に気をつけなくてはならない点が1つあります。大学新聞で想定される読み手は誰でしょうか。一般新聞では誰でしょうか。

大学新聞で想定される読み手：

一般紙で想定される読み手：

　2つの読み手は，どのように違いますか。それぞれ，どのような点に気をつけて意見文を書いたらいいでしょうか。クラスメートと話し合ってから，書き始めてください。

大学新聞で気をつける点：
・
・

一般紙で気をつける点：
・
・

　それでは，以下に実際の投稿文を書いてみてください。

タイトル：

投稿先：

書き終わったら，クラスメート同士で交換しましょう。

- ▶ お互いに読んで，共感が得られる箇所や分かりにくい箇所を指摘し合いましょう。例えば，共感が得られる箇所をオレンジのマーカー，分かりにくい箇所を緑のマーカーで色分けしておくと，よいでしょう。
- ▶ 意見文を説得的にするために，さらに効果的なサポートがないか，例えば，統計的データがないか，検討してみましょう。
- ▶ また，分かりやすくするためにメタ言語が使えないかも検討してみましょう。

3. 問題解決文

サンプル㉓は新聞への投稿文でしたが，ここでは，その投稿における問題に具体的にどう取り組むかを述べる「問題解決文」を取り上げます。問題の解決方法を具体的に提案し，説得的に説明する必要があります。

次のサンプル㉔は，プロンプト M に対して書かれたものです。

プロンプト M

「今，一番訴えたいこと・改善して欲しいこと」の文章を「○○大学新聞」に投稿したところ，一次審査に通りました。二次審査では，訴えた点を解決するには具体的にどうすればよいかを書いた文章を提出することになりました。800字〜1000字で書いてください。

サンプル㉔

学生生活の支えとして

M K

　わたしは前回、「遠方から通っている学生のサポート」について大学に訴える投稿をしました。それを踏まえて、今回はその具体的な解決策を提案します。前回よりも、さらにイメージしやすいよう考えました。

　まずは、時間的サポートについてです。遠方から通っている学生は、当然通学に多くの時間がかかります。1限のためには朝早くから、5限に出れば夜遅くまで拘束されていることになります。また、公共交通機関を何種類も乗り継ぎ、1分単位にまで神経を使って通学しています。わたしは自分のことしかわかりませんが、少なくとも3年生後期までは必修科目が1限に設定されていたため、3年間は夜明け前の起床が当たり前でした。

　そこで、わたしは「1限と5限に必修科目を設定しない」ことで、遠方の学生の負担を軽減できると考えました。2・3・4限であれば、公共交通機関

の時間に追われるという精神的な疲れも減り、また、宿題や睡眠に充てる時間も確保できます。1限と5限に自由科目を設定すれば、個人の判断で履修を決められるので、学生は自分の通学スタイルに合った時間の使い方ができるのではないでしょうか。

　次に、金銭的サポートについてです。遠方からの通学には、高額な交通費がかかります。そこで、「距離や時間、定期券の金額などに合わせて基準を設け、補助金を支給する制度を導入」してはどうかと考えました。

　例えば、わたしの家から大学までの直線距離は約50km（道のりは約75km）、時間は往復約6時間、交通費（1か月定期で計算）は、バス往復22,200円＋JR往復7,460円＋地下鉄往復5,920円＝35,580円です。距離計算なら、大学から半径20km圏外に住む学生に、遠い分だけ補助金の支給をする、定期券金額計算なら、利用する公共交通機関全体から地下鉄の定期券金額を差し引き、それ以外の交通費を半額負担というのはどうでしょうか。（県内や大学付近でも地下鉄を利用する学生は多いため、地下鉄は対象外にします。）月14,830円の補助があれば、非常にありがたいです。

　これらのサポート案は、簡単に実現できるものではないでしょう。しかし、学生の生活の支えになることを理解してもらい、できるだけ早い対応を期待したいです。そして、遠方からの学生にもやさしい制度を導入してほしいです。

◆ 構成とメタ言語

　サンプル㉔は，さきのサンプル㉓で主張した，遠方から通学する学生のためへの「時間的サポート」と「金銭的サポート」の方法を具体的に提案するものです。構成はこの2点を中心に展開されています。図44にサンプル㉔のマクロ構成を示しました。

```
序　論：この文章を書く経緯
　　　　メタ言語
　　　　　↓
本　論：①時間的サポート
　　　　　・現状（具体例）
　　　　　・提案
　　　　②金銭的サポート
　　　　　・提案
　　　　　・現状（具体例）
　　　　　↓
結　論：主張の繰り返し
```

図44　サンプル㉔のマクロ構成

序論ではこの文章を書く経緯が述べられ，序論の最後に「<u>それを踏まえて，今回はその具体的な解決策を提案します</u>」というメタ言語が置かれています。本論は4つのパラグラフに分かれています。おそらく第2パラグラフと第3パラグラフは「時間的サポート」に関してなので1つにまとめ，第4パラグラフと第5パラグラフは「金銭的サポート」に関してなのでまとめてしまうこともできるでしょう。しかし，今回は，パラグラフを分けることによって，読み手に分かりやすいように配慮され，それが説得力に繋がっているのではないでしょうか。第2パラグラフと第4パラグラフの冒頭には，メタ言語「<u>まずは</u>」，「<u>次に</u>」に続いてトピック・センテンス（　　）が置かれ，第3パラグラフでは，提案がトピック・センテンスになっています。

　また，サポートとして自分自身の「例」を具体的に出し，読み手にイメージできるように書かれています。遠方からの通学生の苦労が手に取るように分かります。このように，「例」は主張をサポートする手段として手軽で説得的ですが，それだけでは読み手を説得できません。問題解決文には具体的な提案と強力なサポートが必要です。筆者は，「1限と5限に必修科目を設定しない」という提案をし，もしそれが採用された場合には，どのようなメリットがあるかも，明確に述べています。2番目の提案，「<mark>距離や時間、定期券の金額などに合わせて基準を設け、補助金を支給する制度を導入</mark>」には数字が示され，かなり具体的な提案となっています。提案をサポートするための工夫満載です。

　このように，**サンプル㉔**は問題解決文として非常によく書けているのですが，実は，この本で言ってきたことと合致しない箇所があります。**サンプル㉔のマクロ構成（図44）**の本論を見ると分かるのですが，気がついたでしょうか。時間的サポートでは「現状（具体例）」，「提案」の順になっていますが，②金銭的サポートでは「**提案**」，「**現状（具体例）**」の順になっています。順序をそろえることは，「論理的結束性」として，本書で繰り返し述べてきました。ただ，この文章は，この順序で勢いがあるので，筆者たちはこのままにしました。一応指摘だけしておきます。

　もう1点大切なのは，筆者の提案のトーンです。「のではないでしょうか。」「というのはどうでしょうか。」「～ば，非常にありがたいです。」「簡単に実現できるものではないでしょう。しかし，～」「できるだけ～」「期待したいです」「～てほしいです」のように，控えめながらも積極的に働きかけるトーンを使っています。この辺りは，主張は明確に，しかし読み手に気持ちよく伝わらないと相手の心を動かせない，つまり，説得できないので，慎重に書かなければなりません。こういった表現の工夫は，書き手の腕の見せどころです。自分で推敲すると同時に，他の学生にも読んでもらい，「感じがよく」かつ「説得的な」トーンをお互いに探しましょう。

CHALLENGE! ❷

　みなさんも，CHALLENGE! ❶で書いた大学新聞や一般紙の投稿欄に送った訴えの文章が一次審査に通ったとして，二次審査に臨んでみてください。二次審査では「一次審査で訴えた点を解決するには具体的にどうすればよいか」についての文章を書くことになっています。まず，メモを作って，それから執筆にとりかかりましょう。

メモ：
一次審査で訴えたこと（改善を要求した点）：
①
②
③

メモ：
① に対する解決策：

② に対する解決策：

③ に対する解決策：

タイトル：

　訴えた点を解決する方法を具体的に示し，説得力を増すにはどのようにしたらいいか，クラスメートと文章を交換し話し合ってみましょう。それを参考に書き直し，クラスで実際に審査してみるのもいいかもしれませんね。

Passport to the PART III

　PART II では，以下のモード・タイプの文章について，「ミクロ構成」「マクロ構成」や「メタ言語」を中心に分析し，実際に書くことにもチャレンジしてきました。

　　① ナラティブ
　　② 描写
　　③ 説明（手順・過程）
　　④ 説明（定義）
　　⑤ 説明（分類・例示）
　　⑥ 説明（比較・対照）
　　⑦ 説明（原因・結果）
　　⑧ 論証

　次の PART III では，⑧「論証」が主要モードとなるレポートや論文の書き方を学びます。中心は「論証」ですが，論証するためには，その他のモードもフル回転させて書きます。書く文章も長くなりますが，基本はここまでで学習したことと同じです。
　さあ，PART III へのパスポートは手渡されました。次のゲートへ進みましょう。

PART III

ミックス・モードの
パラグラフ・ライティング：
リサーチして書いてみよう

Lesson 1

リサーチペーパーとは

　ここからは，これまでこの本で学習してきた複数のモードを使い，知識や技術を総動員して，より幅広く深い内容を文章にするライティング，すなわちリサーチペーパーに取り組んでみましょう。

　Bailey and Powell（2008）によれば，リサーチペーパーとは以下のものを指します。

- あるテーマについて，自分の経験や知識にはない内容を，外部の情報から入手し，まとめた文章
- 参考文献や引用文献を明示した文章
- 大学での授業や社会に出てからの仕事で求められる文章

　また，次のようなものはリサーチペーパーとして考えません。

- あるテーマについて，百科事典をそのまま引き写したような文章
- 引用をつなぎ合わせただけの文章
- 自分で作り上げた内容や自分が思い込んでいることで埋め尽くされた文章

　以上のように，リサーチペーパーでは，自分のテーマについて，信頼できる情報源に自分で実際にアクセスして，十分な情報を入手し，それを使って文章を書くことが求められます。これまで練習してきた文章執筆以上に，情報収集や整理に時間がかかります。「大変だな」と思う人もいるかもしれませんが，自分が書きたいと思ったことについてこういうことをするのは，知的好奇心が満たされ，大変楽しい作業でもあります。また，こういった姿勢で情報を提示することは，社会に出てからいろいろな場面でも求められます。ぜひ，リサーチペーパーの書き方をマスターして，文章で表現することの楽しさを味わってみましょう。

◆ リサーチペーパーの構成

　リサーチペーパーは，PART I の Lesson 3 で説明した「マクロ構成」（p. 30 図 4）をさらに拡大させたものです。マクロ構成を意識した文章は PART II ですでに練習してきましたから，みなさんにとってはそれほど難しいものではないはずです。

図45 を見てください。リサーチペーパーはマクロ構成の本論 1・2・3 の内容をさらに増やして，パラグラフに分けていったような構成になっています。図では内容 1・2・3 はそれぞれ，冒頭に 1 つのパラグラフと 3 つのサポーティング・パラグラフによって構成されていますが，サポーティング・パラグラフは必ずしも 3 つなければならないわけではありません。内容について十分な情報が記されていれば 1 つで足りる場合もありますし，5 つ必要な場合もあるでしょう。

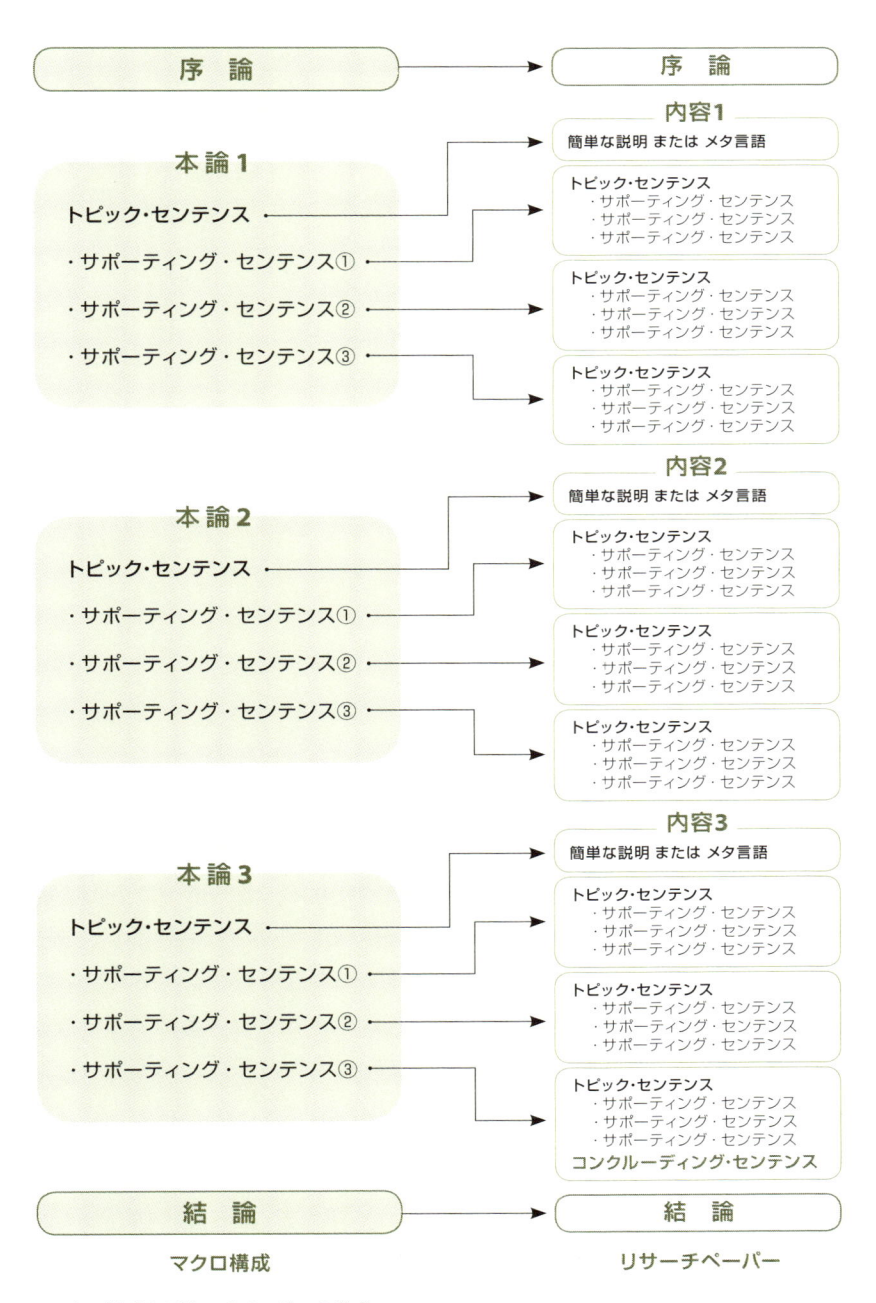

図45　マクロ構成とリサーチペーパーの構成

ただ，パラグラフの数がどうであれ，リサーチペーパーでは，マクロ構成で文章を書くとき以上に内容を膨らませて文章を書く必要があります。そのためには，手順を踏んで文章を書く準備をし，それに多くの時間をかけることが大切です。ここからは，リサーチペーパーをどのように作成していくのか，その手順を確認していきます。

◆ リサーチペーパー作成手順

　リサーチペーパー作成の手順を整理すると，図 46 のようになります。まず，さまざまな発想法を駆使して，文章のテーマを決めます（**1. A) B)**）。次に，テーマについての情報を収集し，整理します（**2. A) B)**）。さらに，情報を元にして文章のアウトラインを作成し（**3.**），実際に執筆します。一通り書き上げても安心せず，文章をチェックして推敲し，間違いや内容の展開がおかしいところを修正して，完成となります（**4.**）。

1. 発想法
　　A）テーマ候補選び
　　B）テーマの決定

2. 情報収集と情報整理
　　A）情報源探しと情報収集
　　B）情報整理

3. アウトライン作成

4. 実際の執筆・推敲
　　A）執筆
　　B）推敲
　　C）完成

図 46　リサーチペーパー作成手順

　この手順は **1** から **4** まで一直線に進むものではなく，常に前の段階に戻っては進み，戻っては進み，するものです。時間が予想以上にかかると思いますが，そこは面倒くさがらず，自分が書きたいテーマについて考えるために思う存分自分の時間を使ってみましょう。自分が強く興味を持っていることをテーマとして選ぶことができたなら，文章を書くこともそれほど苦痛には思わないはずです。

Lesson 2

発想法

　大学の授業での文章執筆でも，社会に出てからの文章執筆でも，「ライティングの設定」，すなわち，「誰に向かって，何を，どのモードを使って，どのような流れで，どのような場で(どこに)，述べるのか」という設定条件が与えられていることのほうが多いと思います。その場合には，与えられた設定条件で文章を書くために準備することになります。しかし，すべての設定条件が与えられるとは限らず，一部が自由に任されることもあるでしょう。そのような場合には，どんな設定で文章を書くのかを自分で決める必要があります。

　ここでは，「中部地区・大学生リサーチペーパー・コンクールに応募する」という設定で考えてみましょう。「誰に向かって」という条件は，「同世代の大学生と大学の先生」ということになります。「何を」「どのモードを使って」という条件は自分で設定します。それでは，その手順を説明していきます。

1. テーマ候補選び

　文章を書き始めるときに，「何を」書くか(テーマ)をいきなり1つ決めるということはしません。書きやすいテーマと書きにくいテーマがあるでしょうから，まずテーマ候補を考えてみましょう。テーマ候補選びは，自分が体験した事柄を思い出すことから始めます。自分の体験したことからテーマを選ぶと，真剣に執筆に取り組むことができるからです。自分が体験していないことからテーマを選んで書くと，どこか「他人事」のような文章になってしまうのです。

　以下，テーマ候補選びの手順を示します。

例

① まず，自分にとっての印象深い経験を思い出します。
　▶ 長期休暇(夏休み・冬休み・春休み)の間に，普段の通学の際に，など。
　▶ 家族との間で・友人との間で・見ず知らずの人との間で・アルバイト先で，など。
　▶ 驚いたこと，疑問に思ったこと，不満に思ったこと，困ったことなど。

例：
1. 大学に入学してから，自分と出身地が違う友達ができた。その友達と話していて，自分が共通語だと思っていた言い方が通じず，「こういう言い方は，他の地方ではしないのだろうか」と驚くことがあった。
2. 大学で友達の留学生から日本の料理，特に麺類について聞かれた。「そば」と「うどん」の違いを聞かれたが，原料が違うということくらいしか説明できず，残念だった。
3. 朝の地下鉄で，女性専用車両は比較的空いているのに，他の車両は混んでいた。同じ料金を払っているのに，と感じてしまった。
4. アルバイト先のコンビニで，私一人が店内で仕事をしていた時，外国人のお客さんが来た。英語でうまく対応ができず，恥ずかしかった。
5. 実家の母と電話していて，将来のことや就職のことで言い争いになってしまった。就職するか，大学院に進学するか迷っている。

② 次に，①で挙げた個人的な経験は，社会のどんな問題・出来事と関連しているか考えて，それをさらに自由に記します。世の中の動きを把握するには，以下のような書籍が参考になります。これらは年1回発行され，社会で話題になった重要な用語を解説しているものです。
・『現代用語の基礎知識』自由国民社
・『朝日キーワード』朝日新聞社
・『文藝春秋オピニオン 20XX 年の論点 100』文藝春秋

例：
1. 自分の出身地にはあまり方言がないと思っていたが，実は気づいていない方言があるのではないか。逆に考えると，共通語とはどういうものなのか？
2. 日本文化に根付いた麺類とはいったいどんなものなのか。その起源はいつ，どこで？　日本での発展はどんなだったのだろうか。日本の麺類は世界の麺類と比べるとどうなんだろう？
3. 女性専用車両というのは必要なんだろうか？男性は同じ料金を払っているのに，利用できない車両があるのはおかしいのではないか。男女差別に繋がっているのかもしれない。
4. 自分の英語の勉強が足りないのかもしれないが，日本の英語教育はどうなっているんだろう。小学校での英語の授業が始まったようだが，早くから勉強すれば英語ができるようになるんだろうか。そもそも「英語ができる」ってどういうことなんだろう。
5. 大学生の就職事情は親の世代が大学生だったころとは随分と異なっている。終身雇用制度が今後も続くかどうか，いろいろな考え方がある。

③ ②で挙げたことから、自分が重要と思う「キーワード」を取り出してみます。
　例：
　1. 日本各地の方言，方言と共通語の関係，など
　2. うどんとそばの起源，うどんとそばの比較，など
　3. 女性専用車両の必要性，男女差別，など
　4. 日本の英語教育，早期教育，外国語の習得，など
　5. 現代の大学生の就職率，終身雇用制度，など

④ ③で取り出したキーワードからテーマの候補を3つほど選びます。自分が興味を持って取り組めそうか，読み手も興味を持ちそうか，情報が多く得られそうか（あまりに新しいテーマだと情報が得にくくなります），という点から，テーマの適切さを○・△・×で判断してみましょう。
　例：

テーマ候補	自分の興味	読み手の興味	情報量
方言と共通語	○	×	△
日本の英語教育	○	○	○
終身雇用制度	△	○	△

⑤ 他の人とペアやグループになって、3つのテーマ候補とそれらを選んだ理由（①から③で考えたことも含めて）を説明し，一番興味深いテーマ候補はどれか，なぜそれが興味深いのかなど，互いに意見を出し合って，テーマを1つにしぼると良いでしょう。

2. テーマの決定

　テーマ候補を選んだら、「どのモードを使って」書くのか（文章の目的）を考えます。テーマ候補を題材にして、どんなことを読み手に伝えたいですか。読み手が興味を持って読んでくれそうなのはどんな目的で書かれた文章でしょうか。

　文章の目的を考えるために、ここではKWチャート[23]という表を使って、情報を整理します。各テーマ候補について、「自分が知っていること What I Know」を左の欄に次々と挙げていきます。次に、「自分が知りたいこと What I Want to Know」を右の欄に次々と挙げていきます。5W1Hを使ったり、YES/NO疑問文を作ったりして、テーマ候補について疑問点を挙げるようにしてみましょう。

---

[23] KWチャートは、Eisenberg & Berkowitz (1999) の提案による「KWLチャート」をもとにしています。自分が知りたいこと，自分が学んだことを書きこんで、整理し，何がテーマとして適するか判断するためのものです。KWLチャートについては桑田(2011)でくわしく紹介されています。

例

テーマ候補例：日本の英語教育

What I Know	What I Want to Know
・中学校から勉強を始めていた。 ・最近は小学校からも英語を勉強している。 ・…… ・……	・日本で小学校から英語教育を始めた理由は何か。 ・小学校からの英語教育ではどんなことが行われているか。 ・中学校や高校の生徒はどうして欲しいと思っているか。 ・中学校からの英語教育をもっと変えるべきか。 ・これまでの英語教育をどう変えるべきなのか。 ・なぜ英語教育が日本で必要なのか。 ・…… ・……

　右の欄（「What I Want to Know」の欄）に挙げた疑問点について文章を書くとしたら、どんなモード・タイプで書くことになるでしょうか。PART Ⅰ の Lesson 2 の表 2（p. 23）を見ながら考えてみましょう。

What I Want to Know	文章の目的の例	モード・タイプの例
・日本で小学校から英語教育を始めた理由は何か。	・英語教育が始まった経緯を時系列で述べる。 ・どのようなことが理由で小学校からの英語教育が始まったのか説明する。 ・海外との違いを比較検討する。	・ナラティブモード ・説明モード 　　原因・結果 ・説明モード 　　比較・対照
・小学校からの英語教育ではどんなことが行われているか。	・行われていることを列挙する。	・説明モード 例示
・中学校や高校の生徒はどうして欲しいと思っているか。	・希望を分類する。 ・希望を例示する。 ・希望を比較・対照する。 ・……など	・説明モード 分類 ・説明モード 例示 ・説明モード 比較・対照

・中学校からの英語教育をもっと変えるべきか。	・「変えるべきである」と主張して論証する。	・論証モード
・これまでの英語教育をどう変えるべきなのか。	・「変える内容」についての正当性・妥当性を主張して論証する。	・論証モード
・なぜ英語教育が日本で必要なのか。	・理由を例示する。 ・理由を主張して論証する。 ・……など	・説明モード　例示 ・論証モード

　このように，1つの疑問点でもいろいろなモードで書くことができます。自分が知りたいと思ったことの中から扱ってみたいことを「テーマ」として1つ選び，どのモードを主要モードにして文章を書くか決めます。

Lesson 3

情報収集

　テーマが決まったら，決めたテーマについての情報収集をします。PART II の執筆作業では，わざわざ情報収集をしなくても書けるようなテーマについての文章執筆を練習してきましたが，リサーチペーパーでは，自分が情報や知識を十分に持っていないテーマも扱います。自分がある程度の情報や知識を持っているようなテーマでも，自分の記憶に頼らず，正しい情報に基づいて文章を執筆します。では，このような場合にどうやって情報を集めたらいいのでしょうか。

　おそらく，携帯電話やスマートフォンからインターネットに接続して調べるという人が多いのではないかと思います。このような方法は，友達との雑談の最中や自宅でテレビを見ている時に，ちょっとしたことを調べるというような目的であれば，事足りるでしょう。しかし，論理的に文章を書く際に，自分が知らないことについて調べるには，インターネットからの情報だけでは不十分です。なぜでしょうか。論理的に文章を書くには，誰もが信頼するような情報源から情報を集め，それを元にして文章を組み立てる必要があるからです。

1. 情報源の種類

　では，どのような情報源から情報を集めればいいのでしょうか。それは，どんな情報を集めたいかによります。情報の特徴によって，どこから集めたらいいかは異なるのです。桑田（2011）では，各種情報源の「信頼性」と「情報の伝達の速さ」の 2 つの特徴から，情報源の特性を把握した上で，情報を入手・利用すべきだと説明しています。本書でもこの考え方を紹介したいと思います。

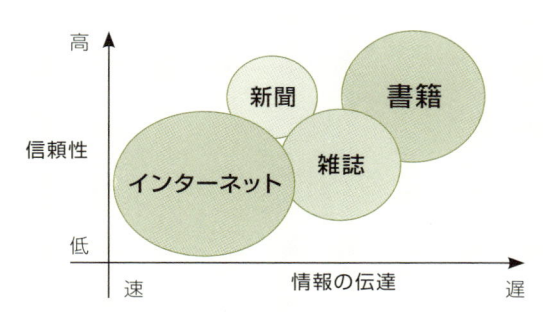

図47　各情報源の特性（桑田 2011：65）

図47を見てください。信頼性の高い情報を集めたいなら，図の上の方にある「書籍」や「新聞」から情報を集める必要があります。「雑誌」や「インターネット」にも十分信頼するに足る情報もあります。しかし，「インターネット」には情報の掲載者の実名や掲載時期が明記されていない場合もあり，信頼性が低いこともあるので，慎重に選んでください。

また，最新の情報や最近話題になっているテーマについての情報を集めたいなら，図の左の方にある「インターネット」や「新聞」から情報を集める必要があります。「雑誌」でも場合によっては最新の情報が入手可能ですが，「書籍」は情報として世に出てくるまでに時間がかかるので，最新の情報を書籍から入手するのは難しい場合があります。

このように，情報収集で重要なのは情報源の特性（信頼性と情報伝達の速さ）に注意することです。それによって，情報収集がスムーズに行えるのです。

上記4種類の情報源には他に以下のような特徴があります（桑田 2011: 65-69）。

・書籍

　書籍には，通読することが目的の「一般図書」と，一部分だけ参照して情報を得ることが目的の「参考図書」（辞書など）があります。基本的には紙に印刷された書籍を情報源としますが，最近は書籍がまるごと電子化されて販売されている「電子書籍」もあります。

・雑誌

　雑誌には，一般的な情報を扱う「一般雑誌」と，学術的な論文を掲載する「学術雑誌」があります。

・新聞

　新聞には，一般的なニュースを扱う「一般紙」と，専門的な内容を扱う「専門紙」があります。また，「全国紙」と，ある地方の情報を主に扱う「地方紙」があります。知りたい情報によって各種新聞から情報を入手します。

　また，最新のニュースだけではなく，過去のニュースも大量に保存されています。「縮刷版」といって，新聞の紙面を縮小し，1ヶ月分を1冊にまとめて書籍の形で発行されたものや，インターネット上の新聞記事データベースがあります。

・インターネット

　インターネットにはいろいろな情報があります。桑田（2011）によれば，インターネット上のページには以下のようなものがあります。

- ホームページ(一般的なサイト)
- ポータルサイト(Google や Yahoo! のような,ネットへの入り口になるサイト)
- ブログ(私的な情報を発信するサイト)
- ニュースサイト(ニュースが掲載されるサイト)
- Q&A サイト(疑問に対して,回答を寄せるサイト)
- 掲示板(同じ話題について多くの人が意見を寄せるサイト)
- SNS(コミュニティ型のサイト)
- Wiki(Wikipedia のような,複数の人が共同で作り上げるサイト)

　これらの中には,リサーチペーパーを書くための情報収集には適していないものもありますが,情報の掲載者の実名や掲載時期が明記されている情報,信頼できる団体や機関が発表している情報は,信憑性が高いので,リサーチペーパーを書く際に有効に活用するといいでしょう。例えば,政府や各自治体が発表している統計資料や白書・報告書は以下のようなサイトから探すことができます。

> - **政府統計の総合窓口 e-Stat**
>   www.e-stat.go.jp
>   政府の各府省庁の統計データの検索ができる
>
> - **電子政府の総合窓口 e-Gov**(イーガブ)
>   www.e-gov.go.jp/about-government/statistics.html
>   政府の各府省庁が実施した統計調査の結果のページへのリンクが紹介されている
>
> - **電子政府の総合窓口 e-Gov**(イーガブ)
>   www.e-gov.go.jp/about-government/white-papers.html
>   政府の各府省庁の白書・年次報告書などのページへのリンクが紹介されている

　また,インターネット上では,4つの情報源のうち,書籍,雑誌,新聞に書かれた情報をそのまま検索できるサービスがあります。大学や自治体の図書館が契約している有料データベースでは,書籍のうちの「参考図書」,雑誌記事,新聞記事に書かれた情報をキーワードで検索できます。学生や一般の利用者も使えるようになっていますが,利用には制限があります。検索した情報の印刷が有料だったり,自宅のパソコンからはデータベースにアクセスできない場合もあります。利用方法や利用条件については自分の大学や近隣の図書館に問い合わせてみましょう。

2. 情報源へのアクセス

　インターネットでは，情報そのものだけではなく，情報源に関する情報を得ることもできます。つまり，自分が選んだテーマについて，どんな書籍や雑誌があるのか，どこにあるのかという情報です。以下にそのような情報を検索できるインターネット・サイトを紹介します[24]。

・テーマに関してどんな書籍・雑誌があるか探す

> ▶ 国立国会図書館リサーチ・ナビ
> rnavi.ndl.go.jp/jp/
> 自分が扱いたいテーマや資料の種類についてのリンクをたどっていくことで，情報の探し方や関連情報が載っているサイトや本を知ることができる
>
> ▶ 想
> imagine.bookmap.info
> 入力したキーワードについて，自分が選んだ複数のデータベース，図書検索サイト，Wikipedia，各種検索サイトなどから一度に検索できる
>
> ▶ 国立情報学研究所　Webcat Plus
> webcatplus.nii.ac.jp
> 入力した文や単語から連想される書籍や雑誌を検索できる
>
> ▶ Google ブックス
> books.google.co.jp
> 検索語が本文に含まれている書籍を検索できる

---

[24] なお，これらのサイトの URL や内容に関する情報は，2023 年 1 月時点のものです。それ以後，インターネット上での URL の変更やサイトの削除，内容の改変・削除があり得ます。

・入手したい書籍・雑誌がどこにあるか探す

> ▶ 国立国会図書館サーチ
> iss.ndl.go.jp
> 国立国会図書館，都道府県立図書館，政令指定都市の市立図書館の蔵書や各種デジタル情報など，多くのデータベースから一度に検索ができる
>
> ▶ 国立情報学研究所　CiNii Books（サイニィ）
> ci.nii.ac.jp/books
> 全国の大学図書館など約1,300館が所蔵する，約1,300万件（のべ1億冊以上）の本の情報や，約180万件の著者の情報を検索することができる
> 最近の本から古典籍，洋書，CD・DVD等まで幅広く収録している（上記ホームページより）
>
> ▶ 各大学の図書館のホームページ
>
> ▶ カーリル
> calil.jp
> 全国の図書館の蔵書情報と貸し出し状況を検索できる
>
> ▶ 都道府県・市区町村の図書館のホームページ
>
> ▶ WorldCat.org
> www.worldcat.org
> Online Computer Library Center（OCLC）に参加する71,000以上の図書館の蔵書を目録化した総合目録である
>
> ▶ Books.or.jp
> www.books.or.jp
> 日本国内で発行された入手可能な書籍のデータベース。入手したいと考えている本が，現在，日本で購入可能か検索することができる
>
> ▶ 日本の古本屋
> www.kosho.or.jp
> 日本全国の古書店が扱っている書籍を検索し，購入もできる

・専門的な書籍や論文を探す

> ▶ 国立情報学研究所　CiNii Research（サイニィ）
> ci.nii.ac.jp
> 学会刊行物・協会刊行物・大学研究紀要・国立国会図書館の雑誌記事索引データベースなど，学術論文情報を検索できる
> 無料で公開されている論文もあるが，有料で公開されている論文もある

> ▶ J-STAGE
> www.jstage.jst.go.jp/browse/-char/ja
> 日本の 3,000 誌以上のジャーナルや会議録などの学術的な出版物を公開している
> 無料で閲覧できる資料と閲覧制限のある資料がある
>
> ▶ 論文 relation
> sc.chat-shuffle.net
> 論文の著者同士の結びつきを調べて，関連性の高い論文の発見をサポートする
>
> ▶ Google Scholar
> scholar.google.co.jp
> 分野や発行元を問わず，学術出版社，専門学会，プレプリント管理機関，大学，およびその他の学術団体の学術専門誌，論文，書籍，要約，記事を検索できる

　ここで扱った情報源へのアクセスや情報の入手方法などについては，大学や自治体の図書館のカウンターでいろいろと相談に乗ってくれます。大いに利用しましょう。

3. 情報の整理

　入手した書籍などは，そのタイトル，執筆者，いつ発表されたか，などを書き留めて整理しておきます。情報源の種類によって整理すべき情報は異なります。以下，各情報源の種類ごとに必要な情報を挙げますので，これらに従って，整理しておきましょう。

　ここで書き留めておく内容は，書籍や雑誌などから入手した情報をリサーチペーパーに載せるときに大切になります。過去に発表されたものであることを明記して，すべて出所を記して載せるのです。こういったことを明記せずに載せると，他人が発表したことを無断で盗んだことになってしまいます。また，こういったことを明記することで，リサーチペーパーを読んだ人が後でその情報を探すことができ，情報が信頼できるものであることを証明できるのです。

　日本語の書籍や雑誌であれば，本の末尾にある「奥付」に書かれていることをメモします。以下，書籍，翻訳書，書籍の一部，雑誌の一部，インターネット上の情報の順に，どんな情報をメモしておくべきか，例を示します。ここでは，独立行政法人科学技術振興機構の『SIST 科学技術情報流通技術基準』の中の「参考文献の役割と書き方」を紹介します。さらに知りたい人は，https://warp.ndl.go.jp/info:ndljp/pid/12003258/jipsti.jst.go.jp/sist/pdf/SIST_booklet2011.pdf を見てください。なお，この書き方は研究分野によって少しずつ違いがあります。詳しくは，授業担当の先生や卒業論文などを指導してくださる先生に書式を確認すると良いでしょう。

① 書籍

> 著者名. 書名. 版表示, 出版者, 出版年, 総ページ数, （シリーズ名, シリーズ番号）.
>
> 例： 青山洋司. 統計学入門. 第 2 版, 談講社, 2000, 216p., (統計入門シリーズ, 1).

② 翻訳書

> 著者名. 書名. 翻訳者名. 版表示, 出版者, 出版年, 総ページ数, （シリーズ名, シリーズ番号）.
>
> 例： Weinreich, Uriel. 言語間の接触——その事態と問題点. 神鳥武彦訳. 岩波書店, 1976, 309p.

③ 書籍の一部

> 著者名. "章の見出し". 書名. 編者名. 版表示, 出版者, 出版年, はじめのページ-おわりのページ, (シリーズ名, シリーズ番号).
>
> 例： 田中真理. "日本語教育におけるライティング評価". 日本語教育年鑑 2005年版. 国立国語研究所編. くろしお出版, 2005, pp.42-52.

④ 雑誌の一部（論文や記事）

> 著者名. 論文名. 誌名. 出版年, 巻数, 号数, はじめのページ-おわりのページ.
>
> 例： 田中真理. 視点・ヴォイスの習得——文生成テストにおける横断的及び縦断的研究. 日本語教育. 1996, 88号, pp.104-116.

⑤ インターネット上の書籍・書籍の一部・雑誌の一部

> 〈上記①~⑤の各情報の最後に〉入手先, (入手日付).
>
> 例： 阿部新. スペイン・マドリードの大学における日本語学習者の言語学習ビリーフ. 名古屋外国語大学外国語学部紀要. 2009, 37号, pp.25-62. http://nufs-nuas.repo.nii.ac.jp/?action=repository_uri&item_id=304, (参照2014-1-22)

⑥ Webサイト・Webページ，ブログ

> 著者名（ハンドルネーム）. "ウェブページ（ブログ記事）の題名". ウェブサイト（ブログ）の名称. 更新日付. 入手先, (入手日付).
>
> 例： 李在鎬. "鯛焼きは何で数えますか". 「言語学出版社フォーラムリレーエッセイ」. 2010-9-3. http://www.gengosf.com/dir_x/modules/wordpress/index.php?p=167, (参照2013-6-10)

なお，筆者らは日本語教育を専門としています。例として，日本語教育学会の学会誌『日本語教育』の執筆の手引き(https://www.nkg.or.jp/gakkaishi/.assets/toko_tebiki.pdf)の方法も紹介しておきます。

① 書籍

> 著者（発行年）『書名』出版社名
>
> 例： 青山洋司（2000）『統計学入門 第2版』談講社

② 書籍の一部

> 分担執筆者（発行年）「当該章の題名」編者『書名』章番号, 出版社名, ページ.
>
> 例： 田中真理（2005）「日本語教育におけるライティング評価」国立国語研究所編『日本語教育年鑑2005年版』，くろしお出版，pp.42-52.

③ 雑誌の一部（論文や記事）

> 著者（発行年）「題名」『雑誌名』巻または号, ページ.
>
> 例： 田中真理（1996）「視点・ヴォイスの習得──文生成テストにおける横断的及び縦断的研究」『日本語教育』88号, 104-116.

④ Web サイト・Web ページ

> ホームページのタイトル〈ホームページのURL〉（アクセスした日付）．
>
> 例： 「言語学出版社フォーラムリレーエッセイ」〈http://www.gengosf.com/dir_x/modules/wordpress/〉（参照2013-6-10）

タイトル，執筆者，発表年などの情報を著者の姓の五十音順に並べてリストにしたものを「参考文献リスト」と言います。詳しい作成方法はPART III の Lesson 5「2. 参考文献リスト」で説明します。

PART III　ミックス・モードのパラグラフ・ライティング：リサーチして書いてみよう

Lesson 4
アウトラインから執筆へ

　情報が集まってきたら，アウトラインを作成し，そこから文章へと展開させましょう。ここでは，ライティングの設定として，以下のようなことを想定します。

- ▶ 誰に向かって：同世代の大学生
- ▶ 何を：江戸時代末期以降の小笠原諸島の歴史[*25]
- ▶ どのモードを使って：社会状況の変遷を時系列で述べる（「客観的報告のナラティブ」）
- ▶ どのような場で：授業の発表で，あるいは大学新聞の記事として

　以上から，ここでは主要モードを PART II の Lesson 1-1 で学んだ「客観的報告のナラティブ」として文章を執筆するという想定で，執筆の手順を示します。

1. アウトラインとして 5 文程度のパラグラフを書く

　まず，テーマについて伝えたいことを 5 文程度の 1 パラグラフの文章にしてアウトラインを作るところからスタートします。

パラグラフの例①

　小笠原諸島の歴史は江戸時代末期以降 3 つの時代に分かれ，どの時代でも島々は歴史に翻弄されてきた。江戸時代末期から第二次世界大戦終戦までは，アメリカの捕鯨船の乗組員とハワイの女性とその子孫，八丈島からの多くの移民とその子孫が暮らしていた。終戦後の米軍領時代には，それまでの島民の多くは島から本土に疎開しなければならなかった。日本への返還後は，美しい自然を求めて本土から人々が移住しているが，戦後本土に疎開した島民の中には戻れない人もいる。このように，小笠原諸島の歴史はどの時代も波乱万丈であった。

[*25] 通常，小笠原諸島の歴史は 4 つの時代に分けられますが，ここでは便宜上，3 つに分けます。

> トピック・センテンス：「小笠原諸島の歴史は江戸時代末期以降3つの時代に分かれ，どの時代でも島々は歴史に翻弄されてきた。」
> サポーティング・センテンス①（1文）：江戸時代末期から終戦までについて
> サポーティング・センテンス②（1文）：米軍領の時代について
> サポーティング・センテンス③（1文）：日本への返還後について
> コンクルーディング・センテンス：トピック・センテンスの言い換え

　トピック・センテンスやサポーティング・センテンスにどんなことを書いたらいいか，迷っている人は，本書のPART IのLesson 3をもう一度見ましょう。

　トピック・センテンスは，選んだ「テーマ」についての書き手の考え方や判断，意見を書きます。なるべく具体的に絞り込む必要がありましたね。絞り込むには，選んだテーマについての基本的な情報（テーマについての背景や現在の状況など）を知っておくといいでしょう。そのためにPART IIIのLesson 3を参考にして情報収集をします。この時点では，あまり専門的すぎる書籍や論文を読む必要はありません。「新書」と呼ばれる入門的内容が書かれた本があれば，そこから読み始めるといいでしょう。

　サポーティング・センテンスは，中心となるテーマ（トピック・センテンス）を支える，つまりそれが妥当であることを裏付けるための文でしたね。なんらかの具体例や統計的データを示したり，より詳細な説明を記したりします。そういった情報を集めるには，PART IIIのLesson 3「2. 情報源へのアクセス」で紹介したサイトで書籍や論文をさらに探したり，すでに入手した書籍や論文の末尾にある「参考文献」のリストに書かれている書籍・雑誌・論文を，さらにサイトを利用して探して入手するといいでしょう。統計的データは政府が公開しているものを探してみましょう。

　自分が選んだテーマについてパラグラフができたとしても，これはまだアウトラインであり，5文ではまだまだ内容が貧弱ですね。もっと内容を膨らませるにはどうしたらいいでしょうか。

2. サポーティング・センテンスを増やす

　PART IIIのLesson 3の情報収集で集めた情報を元にして，トピック・センテンスで述べた内容についての情報をもっと書き足し，サポーティング・センテンスを増やしていきましょう。この文章の主要モードはナラティブ・モードですが，サポーティング・センテンスを増やす際には，それ以外のいろいろなモードやタイプも使うことができます。例えば，

- ▶ 描写モードで，島の情景の描写を書く
- ▶ 説明モードの比較・対照タイプで，小笠原諸島の各島の様子を比較して述べる
- ▶ 説明モードの原因・結果タイプで，歴史上の出来事の因果関係を述べる

といったことです。他のモードやタイプで文章をふくらませることも可能でしょう。

◆ 内容を充実させる

ここでは，小笠原諸島の各時代の島の様子についてさらに資料を集め，例②の波線のように，サポーティング・センテンスを増やしてみました。

パラグラフの例②

　小笠原諸島の歴史は江戸時代末期以降3つの時代に分かれ，どの時代でも島々は歴史に翻弄されてきた。江戸時代末期から第二次世界大戦終戦までは，アメリカの捕鯨船の乗組員とハワイの女性とその子孫，八丈島からの多くの移民とその子孫が暮らしていた。農業が盛んで，さらに南の島々とも交流があり，多くの人で賑わっていた。終戦後の米軍領時代には，それまでの島民の多くは島から本土に疎開しなければならなかった。島に残った人たちも，突然車は右側通行，通貨はドルというアメリカの生活になり，戸惑った。日本への返還後は，美しい自然を求めて本土から人々が移住してきているが，戦後本土に疎開した島民の中には戻れない人もいる。現在，硫黄島には自衛官や気象庁の職員等しか住めない。このように，小笠原諸島の歴史はどの時代も波瀾万丈であった。

トピック・センテンス：「小笠原諸島の歴史は江戸時代末期以降3つの時代に分かれ，どの時代でも島々は歴史に翻弄されてきた。」

サポーティング・センテンス①（2文）：江戸時代末期から終戦までについて

サポーティング・センテンス②（2文）：米軍領の時代について

サポーティング・センテンス③（2文）：日本への返還後について

コンクルーディング・センテンス：トピック・センテンスの言い換え

◆ トピック・センテンスで示した内容を文章の途中で繰り返す

トピック・センテンスで書いたことを読み手に思い出してもらうために，表現を変えて繰り返し文章中に入れ込む，などの工夫もしましょう。例えば，「戦略上重要な島となってしまった」「生活が激変してしまった」「人々には大変辛いことだ」といった表現で，「歴史に翻弄されてきた」ことを繰り返し述べます（例③の波線部）。

パラグラフの例③

　　小笠原諸島の歴史は江戸時代末期以降3つの時代に分かれ，どの時代でも島々は歴史に翻弄されてきた。江戸時代末期から第二次世界大戦終戦までは，アメリカの捕鯨船の乗組員とハワイの女性とその子孫，八丈島からの多くの移民とその子孫が暮らしていた。農業が盛んで，さらに南の島々とも交流があり，多くの人で賑わっていた。しかし，戦争が始まると，平和な島が戦略上重要な島となってしまった。終戦後の米軍領時代には，それまでの島民の多くは島から本土に疎開しなければならなかった。島に残った人たちも，突然車は右側通行，通貨はドルというアメリカの生活になり，戸惑った。島に残った人たちも，島から疎開した人たちも，生活が激変してしまった。日本への返還後は，美しい自然を求めて本土から人々が移住してきているが，戦後本土に疎開した島民の中には戻れない人もいる。現在，硫黄島には自衛官や気象庁の職員等しか住めない。硫黄島出身の人々には大変辛いことだ。このように，小笠原諸島の歴史はどの時代も波瀾万丈であった。

◆ パラグラフの分割

このようにして内容を増やしていくと，パラグラフが長くなってきます。長くなると，読んでいても内容の把握がしにくくなるので，そのパラグラフを5つに分割して，発展させましょう。

序論：「小笠原諸島の歴史は江戸時代末期以降3つの時代に分かれ，どの時代でも島々は歴史に翻弄されてきた。」（メイン・アイディア）

　本論①：江戸時代末期から終戦までについて

　本論②：米軍領の時代について

　本論③：日本への返還後について

結論：メイン・アイディアの言い換え

ここで行ったことをもう一度，図で見てみましょう。図 48 の左側のパラグラフの内容を増やして膨らませ，まとまった内容ごとにパラグラフとして独立させると，図 48 の右側のような文章構成が出来上がります。

パラグラフの構成（ミクロ構成）

トピック・センテンス
・サポーティング・センテンス①
・サポーティング・センテンス②
・サポーティング・センテンス③
コンクルーディング・センテンス

文章全体の構成（マクロ構成）

序　論
・読み手を読む気にさせる文（Motivator）
・メイン・アイディア
・論文全体の構成についての予告

本　論
トピック・センテンス
・サポーティング・センテンス①
・サポーティング・センテンス②
・サポーティング・センテンス③

本　論
トピック・センテンス
・サポーティング・センテンス①
・サポーティング・センテンス②
・サポーティング・センテンス③

本　論
トピック・センテンス
・サポーティング・センテンス①
・サポーティング・センテンス②
・サポーティング・センテンス③

結　論
・メイン・アイディアを思い出させる文
・終わりを示す文

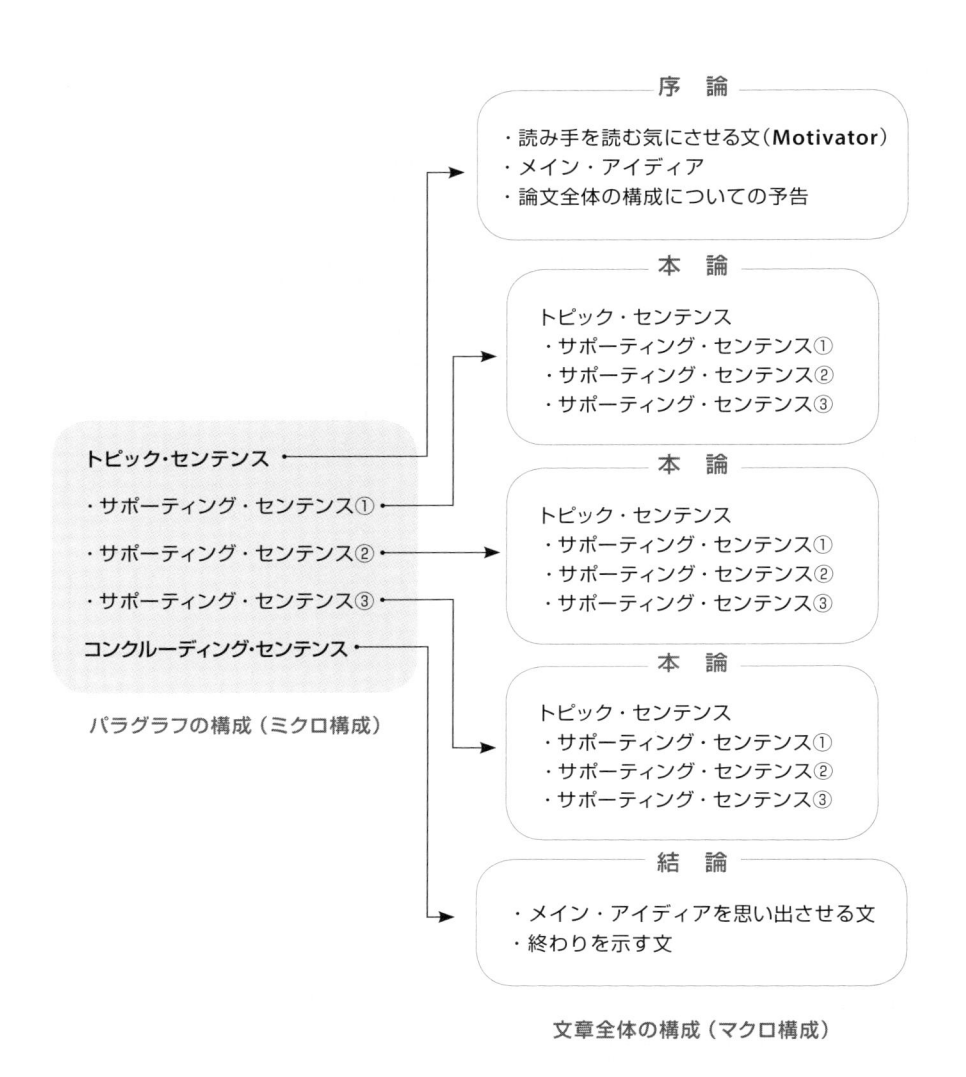

図 48　アウトライン（ミクロ構成）から文章（マクロ構成）へ

3. 序論と結論を膨らませる

本論だけでなく，序論と結論の内容も膨らませましょう。

◆ 序論

序論の「読み手を読む気にさせる文(Motivator)」(図48参照)とは，例えば次のようなものです。

- ▶ 全体の話への反論・反対の意見
- ▶ トピックについての面白い話や発言
- ▶ 読み手に対しての質問
- ▶ テーマを選んだ理由，など

例として，「小笠原諸島の歴史」についての文章の「読み手を読む気にさせる文」を見てみましょう。

「読み手を読む気にさせる文」の例

例1：全体の話への反論・反対の意見
　　小笠原諸島は世界自然遺産に登録されたこともあり，本土とはかけ離れた，美しい自然に満ちあふれた楽園のようなイメージを持つ人もいるかもしれない。しかし，その歴史を見てみると，決して楽園というイメージばかりではなく，激動の歴史に翻弄された島民の様子が見えてくる。

例2：トピックについての面白い話や発言
　　太平洋上に浮かぶ小笠原諸島への旅行を考え，インターネットで情報を集めたところ，船でしか行くことができず，しかも25時間以上もかかることが分かった。これだけ交通網が発達した現代の日本において，行くだけでこれほど時間がかかる場所が他にあるだろうか。

例3：読み手に対しての質問
　　小笠原諸島がどこにあるかご存知だろうか。全く見当がつかないという人もいるだろう。実際には，東京からほぼ真南に1,000キロの太平洋上にある絶海の孤島である。そんな島で，これまでどんな歴史が繰り広げられたのか，知りたくなった読者もいるのではないだろうか。

例4：テーマを選んだ理由
　　世界自然遺産に登録されたばかりの小笠原諸島へ，春休みに旅行に行って

きた。そのときは豊富な自然について知り，それを楽しむための旅行だったので，島の歴史についてはよく知らなかった。しかし，帰ってきてから歴史について調べてみると，大変興味深いものであることが分かり，皆さんにもそれを知ってもらいたいと思うようになった。

　皆さんも読者の興味を存分に惹きつけられるような内容を考えてみましょう。ここで読者を惹きつけることができたら成功です。

◆ 結論

結論の「終わりを示す文」（図48 参照）とは，例えば次のようなものです。

▶ 「読み手を読む気にさせる文」で述べた話の再言及
▶ 今後の展望，など

　例として，「小笠原諸島の歴史」についての文章の「終わりを示す文」を見てみましょう。以下の例1～4は，上に挙げた「読み手を読む気にさせる文」の例1～4に対応しています。

「終わりを示す文」の例

例1：
　小笠原の歴史を知れば，南国の楽園というイメージだけではなく，歴史に翻弄された島民の生活がそこにあったことを知ることができるだろう。それを知ることで，小笠原のことをより深く知り，現代の平和を感じてもらえたら，と思う。

例2：
　今でこそ25時間半の船旅だが，以前は島民はもっと長い時間をかけて本土との間を往復し，小笠原の生活を送っていた。現代の生活から考えたら不便かもしれないが，その当時の人々にはそれぞれの生活があり，楽しく充実した生活も送っていたはずだ。その当時の人々に想いを馳せるために，歴史を知るのもまた大切なことなのではないだろうか。

例3：
　小笠原諸島がどこにあるか，全く知らなかった人も，そこでの出来事を知ることで，いろいろ興味が沸いたのではないかと思う。これを機に小笠原諸

島についてより多くのことを知って欲しい。

例4：
　現在の自然環境だけでなく，歴史についても知ってもらいたいと思い，このレポートを書いた。小笠原のことをもっと知ることで，自然の大切さと共に，現代の平和な時代を維持することの大切さを，皆さんには考えてもらいたいと思っている。

「終わりを示す文」では，冒頭の「読み手を読む気にさせる文」の内容と関連させつつ（例1～4の下線部），今後のことを述べて終えられるよう，表現を工夫してみてください。

4. 文章中にメタ言語を入れる

　文章が長くなり，パラグラフに分かれると，パラグラフとパラグラフの繋がりを読み手に分かりやすく示すための表現を入れる必要が出てきます。PART I, Lesson 3の「6. メタ言語」で説明した表現を文章に入れていきましょう。

　ここで「メタ言語」についてもう一度説明します。図48の右側のように，文章が長くなると，文章の展開を理解しやすくするような説明を入れて，読み手を手助けします。具体的には，パラグラフの最初または最後に「メタ言語」がよく使われます。例えば，「ここでは～について述べます」や「理由は3つあります」といった展開の説明や，「以上のように」というまとめの表現です。前者は「予告のメタ言語」で，後者は「まとめのメタ言語」です。

　次ページの図49を参照しながら，予告のメタ言語とまとめのメタ言語の例を見てみてください。

◆ 予告のメタ言語の例
① 本格的なリサーチペーパーや論文で文章全体の構成を読み手に示す：「第1章では～」「第2章では～」のような表現
② 序論の最後で文章全体の展開について読み手に示す：「まず，～について述べ，次に～について述べ，最後に～について述べる」のような表現
③ 本論各パラグラフの最初（トピック・センテンスの前）で，これから述べる内容を読み手に示す：「ここでは～について述べる」「ここでは～について3つの観点から述べる」のような表現
④ 本論各パラグラフ（本論の最後のパラグラフを除く）の最後で，次のパラグラフで述べる内容を読み手に示す：「次のパラグラフでは～について述べる」「次のパラグラフでは～について3つの観点から述べる」のような表現

◆ まとめのメタ言語の例

⑤ 本論各パラグラフ（本論の最後のパラグラフを除く）の最後で，これまで述べた内容を読み手に示す：「ここでは〜について述べた」のような表現
⑥ 結論の最初で，これまで述べた内容を読み手に振り返らせる：「以上述べたように」「以上，〜について述べた」のような表現

―― 序 論 ――
・読み手を読む気にさせる文／動機付け文（**Motivator**）
・メイン・アイディア
・論文全体の構成（＝予告のメタ言語①の例）第1章では〜。第2章では〜。

（予告のメタ言語②の例）　以下では，〜について述べる。

―― 本論 1・2 ――
（予告のメタ言語③の例）ここでは〜について述べる。
トピック・センテンス
　・サポーティング・センテンス
　・サポーティング・センテンス
　・サポーティング・センテンス

（まとめのメタ言語⑤の例）ここでは〜について述べた。
（予告のメタ言語④の例）次のパラグラフでは〜について述べる。

―― 本論 3 ――
（予告のメタ言語③の例）ここでは〜について述べる。
トピック・センテンス
　・サポーティング・センテンス
　・サポーティング・センテンス
　・サポーティング・センテンス
（まとめのメタ言語⑤の例）ここでは〜について述べた。

―― 結 論 ――
（まとめのメタ言語⑥の例）以上，〜について述べた。
・メイン・アイディアの繰り返し
・終わりを示す文

図 49　パラグラフ内のメタ言語の例

　PART I でも説明したように，上記の表現は「例」です。別の表現で予告をしたり，まとめたりすることもできます。ただし，メタ言語を使いすぎると，論の展開の説明ばかりでくどくなります。例えば，図 49 のメタ言語①と②，③と④と⑤のように隣り合うメタ言語を続けて使わないようにして，バランスのとれた使い方をしてください。
　さらに，ここで説明したことは，マクロ構成をリサーチペーパーに発展させた場合も同じです。予告のメタ言語やまとめのメタ言語を適切に使って，読み手が文章を理解しやすくなるように心がけ，writer responsibility を実践しましょう。

Lesson 5

執筆・推敲から完成へ

　5つのパラグラフに膨らませた文章（図48）をさらにリサーチペーパーへと発展させていきましょう。この PART III の最初に出てきた図45（p. 127）を見てください。発展のさせ方は PART III の Lesson 4 で説明したように，内容をどんどん膨らませていきます。ただし，内容をさらに膨らませるには自分の知識だけでは当然足りません。自分の経験や知識にはないことも文章に織り込んでいく必要があります。

　PART III の冒頭で，リサーチペーパーの特徴を説明しました。

- あるテーマについて，自分の経験や知識にはない内容を，外部の情報から入手し，まとめた文章
- 参考文献や引用文献を明示した文章

　このように，「自分の経験や知識にはない内容」を書こうとすると，外部，つまり他の人物・団体が書いた文章から情報を入手し，それを自分の文章に記すことが必要になります。その際，他の人物・団体が書いた文章であることを断らずに自分の文章に勝手に取り込んではいけません。「引用」を正しく行うことが大切です。

1. 引用の仕方

　引用には2種類の方法があります。「直接引用」と「間接引用」です。

◆ 直接引用

① 語句や文章を原文どおりにそのまま引用する。
　(a) 引用部分が短い場合，「　」を使う。

　例1：

　　ビリーフは「学習者のそれぞれが，自分の国の文化・社会の中で『学習及び教授のあるべき姿』や『一番身近で心地よく感じる学習方法』などについて持っているイメージ」（川口・横溝, 2005: 129-132）と説明されている。

(b)引用部分が長い場合，改行し，行の先頭を 2 〜 3 字分空けて書く。「 」は不要。

例 2 ：
　　阿部(2009b)ではこのデータを集計・分析し，以下のように結論付けた。

　　　　ビリーフの全体的傾向として，学習者には，普通のスペイン人が関
　　　　心を示さない日本語や日本文化についての勉強をしているという自
　　　　負，外国語を習得する能力も持っているという自信，それほど簡単
　　　　ではないと思われる日本語の習得も自分ならできるという楽観と
　　　　いった意識が見てとれる。(阿部, 2009b: 51)

② 語句や句読点を勝手に変えてはいけない。
　(a)途中を省略して引用する場合，省略した部分は「…（中略）…」と示す。…（三点リーダー）で挟まず，「（中略）」のようにしてもよい。

例 3 ：
　　阿部(2009b: 51)ではこのデータを集計・分析し，「ビリーフの全体的傾向として，…（中略）… 楽観といった意識が見てとれる」と結論づけた。

(b)引用者が，「 」内で原文にない傍点や下線をつける場合は，そのことを断る。

例 4 ：
　　地域方言とは「ある地域の言語体系のこと（傍点は筆者）」(佐藤, 2005)だ。
　　地域方言とは「ある地域の<u>言語体系</u>のこと（下線は筆者）」(佐藤, 2005)だ。

(c)引用者が，「 」内で原文の間違いをそのまま残す場合は，間違いがそのままであることを「（ママ）」と書いて示す。

例 5 ：
　　地域方言とは「ある地域の原語（ママ）体系のこと」(佐藤, 2005)だ。

◆ **間接引用**

① 「　」は使わずに，引用者が要約して内容を伝える。
② 要約して引用する場合も，出典を明記し引用であることを示す。

例 6 :

　渡邊(2007: 56)では，フランス語にも imparfait forain(接客の半過去)という表現があり，過去性を表示することで店員が客に対して注意を払い続けてきたことを明示し，入念な接客であることを示すことができるため，過去時制が丁寧さを帯びるのだろうと述べている。

◆ **引用元の表示**

　引用する際には，どの文献から引用したのかを文章中に示します。書籍，雑誌，新聞だけでなく，インターネットで得た資料についても出所を明示します。その際，PART III の Lesson 3「3. 情報の整理」で紹介した方法で整理した情報を使います。文献情報を本文中に表示するには，引用した文献の著者の姓と文献の出版年，文献中のページを記します。

　例 7 の下線部では，著者名をカッコの外に書いています。これは，直接引用や間接引用で使います。例 7 は間接引用の例です。

例 7：著者名(出版年: ページ番号)

　<u>渡邊(2007: 56)</u>では，フランス語にも imparfait forain(接客の半過去)という表現があり，過去性を表示することで店員が客に対して注意を払い続けてきたことを明示し，入念な接客であることを示すことができるため，過去時制が丁寧さを帯びるのだろうと述べている。

　一方，例 8 の下線部のように，直接引用や間接引用の後に著者名をカッコの中に入れて記す方法もあります。例 8 は直接引用の例です。

例 8：(著者名，出版年: ページ番号)

　ビリーフは「学習者のそれぞれが，自分の国の文化・社会の中で『学習及び教授のあるべき姿』や『一番身近で心地よく感じる学習方法』などについて持っているイメージ」<u>(川口・横溝, 2005: 129-132)</u>と説明されている。

「渡邊」や「川口・横溝」は引用元の文献の著者を示しています。もし，「渡邊」という姓で別の人の文献も引用する場合は，フルネームで表示する場合もあります。また，複数の著者が書いた文献は，著者も複数並べて表示します。著者の順番は原典で示されたとおりにし，順序を勝手に変えてはいけません。

　「2007」や「2005」は引用元の文献が公開された年を西暦で示しています。「渡邊」という人が 2007 年に書いた複数の文献を引用する場合,「2007a」「2007b」のように，公開された日付が早い方から a, b, c, ... とローマ字で区別するようにします。

　「56」や「129-132」は，引用した内容が書かれた原典のページを示しています。複数ページに渡って引用した場合はハイフン（-）を書いて，最初のページ番号と最後のページ番号を示します。

　なお，以上で示した方法とは別の方法もあります。本格的に論文を書く際には，その論文の投稿先のルールに従います。

◆ 孫引き

　引用の際には「孫引き」に注意します。「孫引き」とは，書き手が参照した文献の中で引用されている文献を，オリジナルを読まないで引用することです。多くの場合，孫引きは避けたほうがいいと説明されますが，オリジナルが大変貴重で入手困難な時や，オリジナルが自分の語学力で読むことができない言語で書かれている場合は，「孫引き」であることを断った上で行うのなら，やむを得ない場合もあるでしょう。

2. 参考文献リスト

　参考文献リストは，基本的には本文で引用した文献だけを載せます。本文の後（注がある場合は注の後）に，1 行空けて「参考文献」と書き，次の行から PART III Lesson 3「3. 情報の整理」で整理した文献情報を次の「参考文献リストのルール」に従って並べていきます。

━━━ 参考文献リストのルール ━━━

① 日本語文献
　　著者の姓の五十音順に並べる。
　　（姓の読み方が分からないものは奥付で調べておく。）

　(a) 同姓の著者の文献がある場合は，名の読み方に従って五十音順に並べる。

　(b) 同一の著者の文献が複数ある場合は，古い文献を先に並べる。

　(c) 同一の著者の文献で，ある年に発表された文献が複数ある場合，発表が早い（古い）文献を先に並べる。（発表月日は奥付に記載されている。）

　(d) 複数の著者の文献は，第1著者の姓の五十音順に並べる。第1著者が同じで，2番目以降の著者が異なる場合，第2著者の姓の五十音順に並べる。

② 日本語文献と外国語文献が混ざっている場合：
　　以下の3つの方法のどれかを使う。

　I. 日本語も外国語も著者の姓の五十音順に並べる。（姓の読み方が分からないものは調べておく。）

　II. 日本語も外国語も著者の姓のアルファベット順に並べる。

　III. 日本語，外国語の順にリストを作る。逆でも可。日本語は著者の姓の五十音順に並べる。外国語は著者の姓のアルファベット順に並べる。

③ 1つの文献の情報が複数行に渡る場合は，2行目以降は行頭を2〜3文字分空ける。

　上記の①から③のルールには，それぞれ別のやり方もあります。本格的に論文を書く際には，その論文の投稿先のルールに従います。以下の例9の書き方は，日本語教育学会の学会誌『日本語教育』の執筆要領に準拠しています。

例9：

参考文献

阿部　新(2009a)「ビリーフ調査の多変量解析―クラス編成・授業内容構成への応用の可能性―」『ヨーロッパ日本語教育』13, 124-131.

阿部　新(2009b)「スペイン・マドリードの大学における日本語学習者の言語学習ビリーフ」『名古屋外国語大学外国語学部紀要』第37号, 25-62.

田中真理(2004)「日本語の「視点」の習得：英語，韓国語，中国語，インドネシア語・マレー語話者を対象に」南雅彦・浅野真紀子編『言語学と日本語教育 III』くろしお出版, pp. 59-76.

田中真理(2005a)「日本語教育におけるライティング評価」国立国語研究所編『日本語教育年鑑2005年版』くろしお出版, pp. 42-52.

田中真理(2005b)「学習者の習得を考慮した日本語教育文法」，野田尚史編『コミュニケーションのための日本語教育文法』くろしお出版, pp. 63-82.

田中真理・坪根由香里(2011)「第二言語としての日本語小論文における good writing 評価―そのプロセスと決定要因―」『社会言語科学』14 巻 1 号, 210-222.

田中真理・長阪朱美(2006)「第二言語としての日本語ライティング評価基準とその作成過程」国立国語研究所編『世界の言語テスト』くろしお出版, pp. 253-276.

── 並べ方のポイント ──

▶ 「阿部　新」と「田中真理」では，「阿部　新」の文献を先に書きます。（前ページのルール①）

▶ 「田中真理」の文献は，発表年が古い順に書きます。（ルール①(b)）

▶ 同じ著者の同じ年の文献が複数ある場合は，文献の発行の古い順にローマ字を「(2005a)」「(2005b)」のようにつけていきます。（ルール①(c)）

▶ 複数の著者による文献の場合，「たなか・つぼね」「たなか・ながさか」の五十音順による並びを考えて並べます。（ルール①(d)）

---

3. 注の書き方

　注は，本文に入れるほどではないが補足として述べておきたいことを説明するための方法です。注には 2 種類の方法があります。脚注と後注[*26]です。この 2 つを比べてみましょう。「脚注」はページの本文の下（ページ番号の上）に注の欄を設けて書く方法です。このページの下の[*26]が脚注の例です。「後注」は，本文の後，参考文献の前に，まとめて注を記す方法です。例 10 が後注の例です。

　脚注は本文を読んでいる途中で見られるというメリットがありますが，あまりたくさん書いてしまうと，本文より注が多くなって見苦しくなります。一方，後注は見苦しさについては気にする必要がありませんが，本文中の注が必要な箇所から遠く離れてしまうので参照しにくいのがデメリットです。

　注を入れる方法は，注を入れたい語の右上に上付きの小字（例えば，[1], [1)], [i], [i)]など）で通し番号を書き，脚注欄や後注欄では同じ形式・同じ番号（[1], [1)], [i], [i)]など）を行頭に書いて，そのあとに注の内容を記します。ワープロソフトでは自動で注を挿入できる機能も備わっていますので，それを利用すれば簡単に注を書くことができます。

[*26] Microsoft® 社の WORD® では「文末脚注」と呼ばれています。

例10：

……本稿の考察[1]が微力ながら経済言語学[2]の発展に寄与することを望んで，論を結びたい。

注
[1] 本稿の考察は言語使用の側面に限って行った。言語意識の側面については別の機会に分析を行う。
[2] 経済言語学については，井上(2000, 2001, 2011)などを参照のこと。

参考文献
……
……

　注は便利な場合もありますが，あまりにも内容とかけ離れたことを書くと，内容の一貫性が失われることにもなりますので，注意が必要です。

4. 推敲のチェックポイント

　一通り書いた文章は，「Good writing のための評価基準」(PART IV に掲載)を見ながら推敲しましょう。

評価基準には全部で5つのトレイトがあります。

- A. 読み手：読み手への意識や配慮，読み手にとっての興味深さ
- B. 内容：メイン・アイディアの明確さ，トピック・センテンスの適切さや明確さ，サポートの適切さ
- C. モード：執筆目的に適したモードやタイプの選択とそれに合った展開
- D. 構成・結束性：マクロ構成の明確さ・パラグラフ間の関係と繋がり・ミクロ構成の適切さ
- E. 日本語(言語能力)：日本語の正確さと適切さ(レジスター)

　推敲は誤字や脱字のチェックだけではなく，文章の構成が適切か，そもそもの目的にあっているか，読み手の想定がおかしくないか，など文章全体にも気を配って行います。また表現内容についても，分かりにくいものがないか，不適切なものがないか，よりよい表現がないか，などを検討します。間違いを探すだけではなく，より良くで

きる箇所がないかを探します。

　推敲は一人でもできますが，友達など他の人に指摘してもらうと，自分では気付かなかったことに気付けます。可能であれば，読んでもらえる人を探してみましょう。また，周りの人も同じ課題で文章を書いているなら，お互いに推敲し合いましょう。他の人の文章の展開方法や表現・語彙を知ることによって，自分の文章を見直すことができるのです。

Lesson 6 実際の執筆

　さて，ここまで，リサーチペーパーの執筆について説明してきました。次は皆さんが自分のテーマを決めて書く番です。PART III で説明してきた手順を，自分自身もたどり，リサーチペーパーを書いてみましょう。次頁以降に，ワークシートを用意しました。是非活用してください。

　もう一度繰り返しますが，くれぐれも自分が真剣に取り組めるテーマを選んでください。自分にとって書きたいテーマを選ぶことができたら，リサーチペーパーの執筆は半分以上成功したようなものです。

　それでは，始めましょう！

ワークシート

テーマ候補選び

まず，p. 129 からの例にならって，「ライティングの設定」を確認します。

- 誰に向かって：
- 何を：下の①から p. 164 までの活動を経て決めましょう。
- どのモードを使って：
- どのような流れで(どこに)：
- どのような場で：

ライティングの設定が整理できたら，実際にテーマ候補選びをしてみましょう。

①自分にとって印象深い経験を思い出します。
- 長期休暇(夏休み・冬休み・春休み)の間に，普段の通学の際に，など。
- 家族との間で・友人との間で・見ず知らずの人との間で・アルバイト先で，など。
- 驚いたこと，疑問に思ったこと，不満に思ったこと，困ったことなど。

1.

2.

3.

4.

5.

② ①で挙げた個人的な経験は，社会のどんな問題・出来事と関連しているか考えて，さらに自分が考えたことを自由に記します。世の中の動きを把握するには，以下のような書籍が参考になります。これらは年1回発行され，社会で話題になった重要な用語を解説しているものです。

- 『現代用語の基礎知識』自由国民社
- 『朝日キーワード』朝日新聞社
- 『文藝春秋オピニオン 20xx 年の論点 100』文藝春秋

1.

2.

3.

4.

5.

③ ②で挙げたことから，自分が重要と思う「キーワード」を取り出します。

1. _____

2. _____

3. _____

4. _____

5. _____

④ ③で取り出したキーワードからテーマの候補を3つほど選びます。自分が興味を持って取り組めそうか，情報が多く得られそうか，読み手も興味を持ちそうか，という点から○・△・×をつけてテーマの適切さを考えましょう(p.131 参照)。

テーマ候補	自分の興味	読み手の興味	情報量

⑤ 他の人とペアやグループになって，3つのテーマ候補とそれらを選んだ理由を説明し，一番興味深いテーマ候補はどれか，なぜそれが興味深いのかなど，互いに意見を出し合って，テーマを1つに絞りましょう。

テーマの決定

　テーマ候補を選んだら，それらについて自分が知っていることと，自分が知りたいことを整理し，どのモードを使って，どんなことが書けるか考えてみましょう。そして最終的にテーマを1つ選んでみましょう（pp. 132-133 参照）。

① テーマ候補選びの④で選んだ3つのテーマ候補について，「自分が知っていること」と「自分が知りたいこと・読み手に伝えたいこと」を整理して，テーマを絞り込みましょう。

テーマ候補1：＿＿＿＿＿＿＿＿＿＿＿＿＿＿＿＿＿＿＿＿＿＿＿＿＿＿＿＿＿＿

What I Know	What I Want to Know

テーマ候補2：＿＿＿＿＿＿＿＿＿＿＿＿＿＿＿＿＿＿＿＿＿＿＿＿＿＿＿＿＿＿

What I Know	What I Want to Know

テーマ候補3：＿＿＿＿＿＿＿＿＿＿＿＿＿＿＿＿＿＿＿＿＿＿＿＿＿＿＿＿＿＿

What I Know	What I Want to Know

② 他の人とペアやグループになって，テーマ候補3つのKWチャートを見せ合って，興味深いテーマはどれか，なぜ興味深いのか，説明し合いましょう。その説明に対して互いに感想や意見を出し合いましょう。テーマ選びには，他の人の意見も参考にしましょう。意見を出すときは，自分も読んでみたいと思えるものを指摘しましょう。

③ 各テーマ候補について，他の人の意見も参考にしながら，右の欄（「What I Want to Know」の欄）から扱ってみたいことを1つ選び，それをテーマとしましょう。テーマを選んだら，どのモードを主要モードにするのがいいか，説明モードだったらどのタイプを使うのがいいか考えましょう。

テーマ	執筆目的の例	モード・タイプの例

　自分が知りたいと思ったことの中から扱ってみたいことを「テーマ」として1つ選び，どのモードを主要モードにして文章を書くか決めましょう。

　これで，「ライティングの設定」が決まったことになります。もう一度設定を整理しておきましょう。

　誰に向かって：
　_____

　何を：
　_____

　どのモードを使って：
　_____

　どのような場で（どこに）：
　_____

完成に向けて

情報収集と整理　　自分のテーマについて情報収集・整理をしましょう。
（Part III Lesson 3 参照）

アウトラインから執筆へ

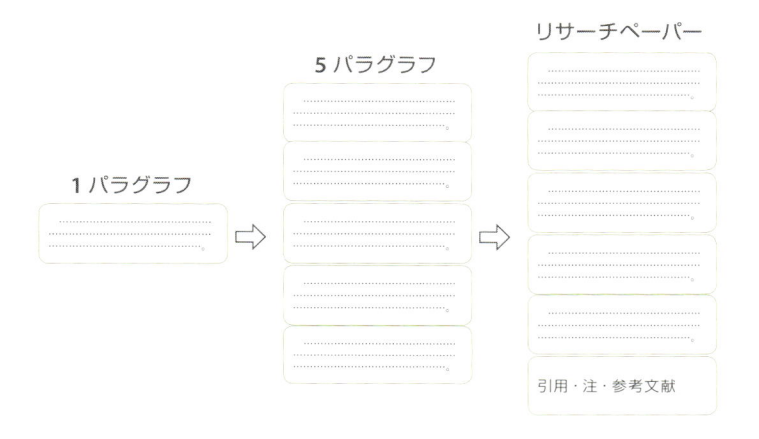

1 パラグラフ → 5 パラグラフ → リサーチペーパー

引用・注・参考文献

　まず，自分のテーマについて 5 ～ 7 文から成る 1 つのパラグラフを書いてみましょう。そして，集めた情報を基にしてパラグラフを膨らませていき，5 ～ 7 パラグラフの文章に展開してみましょう。文章に展開したらメタ言語も入れてみましょう。
（Part III Lesson 4 参照）

執筆から推敲へ

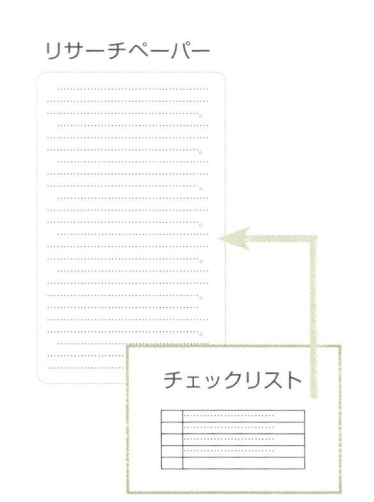

リサーチペーパー
チェックリスト

　5 ～ 7 パラグラフの文章をさらに膨らませて，リサーチペーパーへと発展させます。引用のしかた，注の書き方に気をつけましょう。
　参考文献リストも正しく作成しましょう。
　全体が出来上がったらチェックリスト（Part IV 参照）を使って推敲し，グループで文章を交換して，良かった点と改善すべき点を指摘しましょう。
（Part III Lesson 5 参照）

PART IV

資　料

プロンプトの一覧表

PART II の各 Lesson で提示したサンプルの文章を書いてもらうために学生に指示した文章(プロンプト)のオリジナルを掲載します。

Lesson 1　ナラティブ

Lesson 1-2　自分について語るナラティブ

プロンプト A 「自分を変えた出来事」 →サンプル③(pp. 43-44) →サンプル④(pp. 45-46)	大学の学生新聞から,「自分を変えた出来事」についてのエピソードを紹介する文章を執筆する依頼を受けました。本文800字程度で書いてください。 　タイトルを自分で考え,1行目にそれを記入し,2行目に右寄せで執筆者名を書いてください。 　資料は何を参考にしても構いませんが,参考資料として最後に明記しておいてください。(資料は字数に入れない。)
プロンプト B 「自分を変えた人との出会い」 →サンプル⑤(p. 48)	大学の学生新聞から,「自分の人生を変えた人との出会い」についてのエピソードを紹介する文章を執筆する依頼を受けました。本文800字程度で書いてください。 　タイトルを自分で考え,1行目にそれを記入し,2行目に右寄せで執筆者名を書いてください。 　資料は何を参考にしても構いませんが,参考資料として最後に明記しておいてください。(資料は字数に入れない。)

Lesson 2　描写

Lesson 2-2　心情を重ねた情景描写

プロンプト C 「印象に残った街」 →サンプル⑧(pp. 58-59)	旅雑誌が「旅先で印象に残った街」というテーマで原稿を募集しています。本文600〜800字程度で書いてください。 　タイトルを自分で考え,1行目にそれを記入し,2行目に右寄せで執筆者名を書いてください。 　資料は何を参考にしても構いませんが,参考資料として最後に明記しておいてください。(資料は字数に入れない。)

Lesson 3　説明

Lesson 3-1　手順・過程

プロンプトD 「Twitterの登録手続き」 →サンプル⑨ (pp. 62-63) →サンプル⑩ (pp. 63-64)	Twitterの登録手続きについて，Twitterについて何も知らない田中先生にメールで説明（600字程度）してください。 　資料は何を参考にしても構いませんが，参考資料として最後に明記しておいてください。（資料は字数に入れない。）

Lesson 3-2　定義

プロンプトE 「旅行ガイドブック」 →サンプル⑬ (p. 73) →サンプル⑭ (pp. 74-75)	日本や東海地方を紹介する旅行ガイドブックの中で，次の内容について文章を書くことになりました。読者を想定しつつ，これらを定義し，説明する文章をそれぞれ400字～600字程度で書いてください。 　　（A）喫茶店のモーニングサービス 　　（B）紅葉狩り 　資料は何を参考にしても構いませんが，参考資料として最後に明記しておいてください。（資料は字数に入れない。）

Lesson 3-3　分類・例示

プロンプトF 「休日に訪れる場所の分類」 →サンプル⑮ (pp. 84-85)	『大学生活ハンドブック』に，留学生や他の地方出身者のために，愛知県・岐阜県・三重県で休日などに訪れたらいいと思われる場所を紹介することになりました。それらの場所を分類し，簡単に説明の文章（800字～1000字）を書いてください。 　タイトルを自分で考え，1行目にそれを記入し，2行目に右寄せで執筆者名を書いてください。 　資料は何を参考にしても構いませんが，参考資料として最後に明記しておいてください。（資料は字数に入れない。）

プロンプトG 「アルバイト選びについてのアドバイス」 →サンプル⑯(pp. 88-89)	新入生のための『大学生活ハンドブック』を書くことになりました。その中で，あなたは「アルバイト選びについてのアドバイス」を書く担当になりました。例を挙げながら，本文800字〜1000字程度で書いてください。 タイトルを自分で考え，1行目にそれを記入し，2行目に右寄せで執筆者名を書いてください。 資料は何を参考にしても構いませんが，参考資料として最後に明記しておいてください。(資料は字数に入れない。)

Lesson 3-4　比較・対照

プロンプトH 「ファーストフードとスローフード」 →サンプル⑰(pp. 93-94) →サンプル⑱(pp. 94-95)	大学新聞が「私たちの食生活特集号」を出すので，原稿を募集しています。 　私たちの日常生活では，多くの人がファーストフード(ハンバーガー，牛丼など)とスローフード(家庭でゆっくり味わう手作りの料理)を食べています。 　ファーストフードとスローフードを比較し，それぞれの良い点や悪い点などを説明して，「食生活」についてのあなたの意見(600字程度)を大学新聞に送ってください。
プロンプトI 「高校生活と大学生活」 →サンプル⑲(p. 99)	「高校生活と大学生活」についての文章を『新入生ハンドブック』に載せます。類似点と相違点に着目して800字〜1000字で文章を書いてください。 タイトルを自分で考え，1行目にそれを記入し，2行目に右寄せで執筆者名を書いてください。 資料は何を参考にしても構いませんが，参考資料として最後に明記しておいてください。(資料は字数に入れない。)

Lesson 3-5　原因・結果

プロンプトJ 「スマートフォン普及の原因」 →サンプル⑳(p. 103) →サンプル㉑(p. 106)	スマートフォンが普及しつつあります。その原因は何だと考えられますか。本文600字程度のレポートを書いてください。 資料は何を参考にしても構いませんが，参考資料として最後に明記しておいてください。(資料は字数に入れない。)

プロンプトK 「未婚化・非婚化の原因と結果」 →サンプル㉒(pp. 111-112)	内閣府による資料にある第1-2-5図, 第1-2-6図, 第1-2-7図 を見てください。 http://www8.cao.go.jp/shoushi/shoushika/whitepaper/measures/w-2012/24webhonpen/html/b1_s2_1_2.html 図にあるように,近年日本人の婚姻率が下がり,未婚率が男女とも上昇しています。この現象の原因と,この現象による結果について,1000字程度のレポートを書いてください。 タイトルを自分で考え,1行目にそれを記入し,2行目に右寄せで執筆者名を書いてください。 資料は何を参考にしても構いませんが,参考資料として最後に明記しておいてください。(資料は字数に入れない。)

Lesson 4　論証

プロンプトL 「訴えたいこと」 →サンプル㉓(p. 116)	「○○大学新聞」(仮称)へ,「今,一番訴えたいこと・改善して欲しいこと」というテーマで投稿してください。本文800字程度の文章を書いてください。 タイトルを自分で考え,1行目にそれを記入し,2行目に右寄せで執筆者名を書いてください。 資料は何を参考にしても構いませんが,参考資料として最後に明記しておいてください。(資料は字数に入れない。)
プロンプトM 「問題の解決方法」 →サンプル㉔(pp. 120-121)	「今,一番訴えたいこと・改善して欲しいこと」の文章を「○○大学新聞」に投稿したところ,一次審査に通りました。二次審査では,訴えた点を解決するには具体的にどうすればよいかを書いた文章を提出することになりました。800字〜1000字で書いてください。 タイトルを自分で考え,1行目にそれを記入し,2行目に右寄せで執筆者名を書いてください。 資料は何を参考にしても構いませんが,参考資料として最後に明記しておいてください。(資料は字数に入れない。)

Good writing のための評価基準：トレイト別・基準説明

> **［ライティングの設定］**
>
> 誰に向かって，何を，どのモードを使って，どのような場で（どこに），述べるのか
>
> - （例えば，「新入生に向かって，大学生のアルバイトとしてはどんなアルバイトがあるのかを，分類というタイプの説明モードを使って，「新入生ハンドブック」に，紹介する」，「大学新聞の読者に向かって，大学に改善して欲しいことを，論証モードを使って，大学新聞に，提案し投稿する」など）

	トレイト			基準説明	補足説明
A	読み手	配慮		読み手を意識して書かれているか（例えば，大学新聞に投稿するという課題では，その読者など）	
				読み手に対する配慮があるか（例えば，読み手にないと思われる文化的背景を説明する）	
		面白さ		読み手にとって興味深いか： • 創造性，オリジナリティ，新鮮さなどがあるか • 読んでいて，引き込まれるか	
B	内容	メイン・アイディア		メイン・アイディア（一番言いたいこと）が明確か： • 文章全体を通して一貫性があるか • 妥当性（正確さも含む），説得力があるか	
		トピック・センテンス		トピック・センテンスの内容が適切で明確か	
				トピック・センテンスの位置が適切か（本論ではパラグラフの冒頭付近）	
		サポート		メイン・アイディアやトピック・センテンスが適切にサポートされているか： • 理由，例，説明，データなどが適切で（正確さも含む），客観性，説得力があるか	
C	モード	モード・タイプの選択		適切なモードが選ばれているか： • ナラティブ／描写／説明（手順・過程，定義，分類・例示，比較・対照，原因・結果）／論証	
		モード・タイプの展開		選んだモードに合った展開がなされているか（D「構成」とも関係）： • 比較・対照：block style と point-by-point style など	
D	構成・結束性	文章全体の構成（マクロ構成）	構成	マクロ構成が明確か： • 「序論」(Introduction)と「本論」(Body)と「結論」(Conclusion)に相当する部分があるか • 上記3つのバランスがとれているか（目安として，1：3～5：1） • 文章全体が論理的・意味的につながっているか	
			一貫性	• 序論と結論が呼応しているか（メイン・アイディアが「結論」で再度言及されているか）	
			メタ言語	• 「予告のメタ言語」（「まず」「次に～について述べる」など）や「まとめのメタ言語」（「以上述べたように」「以上，～について述べた」など）が効果的に使われているか	
		パラグラフ間	結束性	パラグラフとパラグラフのつながりがスムーズか： • パラグラフとパラグラフをつなぐ「メタ言語」（「まず」「次に」「以上のように」など）が効果的に使われているか • パラグラフとパラグラフをつなぐ「メタ言語」がなくても，パラグラフが自然につながっているか	• 「比較・対照」のタイプの場合： (1)比較する2つのものや観点が同じ順序で述べられているか (2) block style あるいは point by point style が適切に選ばれているか
			指示語	• 指示語（「この，その，これ，それ，これら，それら」）が効果的に使われているか • 指示語の指している対象が明確か	

	パラグラフ内（ミクロ構成）	構成	パラグラフが1文で終わることなく，2文以上で構成されているか（特に序論や結論）	
		結束性	パラグラフ内の文と文のつながりがスムーズか：	・「接続表現」「指示語」の効果的な使用は，結束性を高めるための手段の1つである
		接続表現	・文と文をつなぐ接続表現（「たとえば」「しかし」「したがって」「特に」など）が効果的に使われているか	
		指示語	・指示語（「この，その，これ，それ，これら，それら」）が効果的に使われているか ・指示語の指している対象が明確か	
E 日本語（言語面）	a 正確さ	文法	文法が正確か： ・助詞の使用，動詞・助動詞・形容詞・形容動詞の活用形が正確か	・ねじれ文は，主語と述語の位置が離れた場合に起こりやすい。適切な長さの文にする工夫が必要である
		文型・構文	文が正確に組み立てられているか： ・複文の主節と従節の関係や呼応関係（「なぜなら，…からである」など）が正確か ・文がねじれていないか：自動詞・他動詞の間違い（例えば，「鎖国は江戸時代初期に始めた」など），受身と格助詞（例えば，「この法律は○○省によって制定した」など）	
		語彙・表現	語彙・表現が正確か	
		表記	表記（漢字・ひらがな・カタカナなど）が正確か 誤字・脱字・漢字の変換ミスがないか	
	b 適切さ（レジスター）	文型・構文	単文の羅列や同じ文型の繰り返しではなく，バラエティー豊かな文型が使われているか 日本語らしい構文が使われているか 文の長さが適切で，読みやすいか 意味が複数に解釈できる多義文になっていないか	・「レジスター」とは，話し手や書き手が場面や相手によって使い分ける表現やスタイルなどを指す
		語彙・表現	語彙・表現が適切に使われているか： ・「話しことば」と「書きことば」の区別ができているか（例えば，「A氏が述べてるように…」など） ・標準語で書かれているか（例えば，「簡単に調べれる」など） ・不適切な敬意表現がないか（例えば，「遠隔授業はどなたにとっても便利」など） ・同じ語彙・表現が繰り返し使われていないか ・フォーマルな文章にインフォーマルな略語が使われていないか（例えば，「スマホ」など）	
		文末スタイル	文末スタイル（「普通体」あるいは「丁寧体」）が適切に使われ，基本的に統一されているか	
		表記	漢字やカナ： ・漢字で書くべき語や，ひらがなにすべき語（「こと」「もの」など）が適切に書かれているか ・使用した漢字やかなの使い方が統一されているか 句読点（，。）・符号（「　」や（　）など）が適切に，かつ統一して使われているか 数字（一，二，三と1，2，3）や西暦と元号などが適切に，かつ統一して使われているか	

田中真理・阿部新（2013年6月作成）（参考：田中真理・長阪朱美（2006））

チェックリスト 読み手用	

書き手： 学籍番号 ＿＿＿＿＿＿＿＿　名前 ＿＿＿＿＿＿＿＿＿＿＿

読み手： 学籍番号 ＿＿＿＿＿＿＿＿　名前 ＿＿＿＿＿＿＿＿＿＿＿

ライティングの設定を読み取って記入しましょう。

・誰に向かって（読み手）：	・何を（内容＝メイン・アイディア）：
・どのモードを使って（主要モード・タイプ）：	・どのような場で（レジスター）：

評価項目について○・△・×でチェックしましょう。

A 読み手	配慮	読み手を意識して書かれているか（例えば，大学新聞に投稿するという課題では，その読者など） 読み手に対する配慮があるか（例えば，読み手にないと思われる文化的背景を説明するなど）	
	面白さ	読み手にとって興味深いか： ・創造性，オリジナリティ，新鮮さなどがあるか ・読んでいて，引き込まれるか	
B 内容	メイン・アイディア	メイン・アイディア（一番言いたいこと）が明確か： ・文章全体を通して一貫性があるか ・妥当性（正確さも含む），説得力があるか	
	トピック・センテンス	トピック・センテンスの内容が適切で明確か トピック・センテンスの位置が適切か（本論ではパラグラフの冒頭付近）	
	サポート	メイン・アイディアやトピック・センテンスが適切にサポートされているか： ・理由，例，説明，データなどが適切で（正確さも含む），客観性，説得力があるか	
C モード	モード・タイプの選択	適切なモードが選ばれているか： ・ナラティブ／描写／説明（手順・過程，定義，分類・例示，比較・対照，原因・結果）／論証	
	モード・タイプの展開	選んだモードに合った展開がなされているか（D「構成」とも関係）： ・比較・対照：block style と point-by-point style など	
D 構成・結束性	文章全体の構成（マクロ構成）	マクロ構成が明確か： ・「序論」(Introduction)と「本論」(Body)と「結論」(Conclusion)に相当する部分があるか ・上記3つのバランスがとれているか（目安として，1：3～5：1） ・文章全体が論理的・意味的につながっているか ・序論と結論が呼応しているか（メイン・アイディアが「結論」で再度言及されているか） ・「予告のメタ言語」（「まず」，「次には～について述べる」など）や「まとめのメタ言語」（「以上述べたように」，「以上，～について述べた」など）が効果的に使われているか	
	パラグラフ間	パラグラフとパラグラフのつながりがスムーズか： ・パラグラフとパラグラフをつなぐ「メタ言語」（「まず」「次に」「以上のように」など）が効果的に使われているか ・パラグラフとパラグラフをつなぐ「メタ言語」がなくても，パラグラフが自然につながっているか ・指示語（「この，その，これ，それ，これら，それら」）が効果的に使われているか ・指示語の指している対象が明確か	

	パラグラフ内 （ミクロ構成）	パラグラフが１文で終わることなく，２文以上で構成されているか（特に序論や結論） パラグラフ内の文と文のつながりがスムーズか： ・文と文をつなぐ接続表現（「たとえば」「しかし」「したがって」「特に」など）が効果的に使われているか ・指示語（「この，その，これ，それ，これら，それら」）が効果的に使われているか ・指示語の指している対象が明確か	
E 日本語 a 正確さ	文法	文法が正確か： ・助詞の使用，動詞・助動詞・形容詞・形容動詞の活用形が正確か	
	文型・構文	文が正確に組み立てられているか： ・複文の主節と従節の関係や呼応関係（「なぜなら，…からである」など）が正確か ・文がねじれていないか：自動詞・他動詞の間違い（例えば，「鎖国は江戸時代初期に<u>始めた</u>」など），受身と格助詞（例えば，「この法律は〇〇省によって<u>制定した</u>」など）	
	語彙・表現	語彙・表現が正確か	
	表記	表記（漢字・ひらがな・カタカナなど）が正確か 誤字・脱字・漢字の変換ミスがないか	
E 日本語 b 適切さ （レジスター）	文型・構文	単文の羅列や同じ文型の繰り返しではなく，バラエティー豊かな文型が使われているか 日本語らしい構文が使われているか 文の長さが適切で，読みやすいか 意味が複数に解釈できる多義文になっていないか	
	語彙・表現	語彙・表現が適切に使われているか ・「話しことば」と「書きことば」の区別ができているか（例えば，「A氏が<u>述べてる</u>ように…」など） ・標準語で書かれているか（例えば，「簡単に<u>調べれる</u>」など） ・不適切な敬意表現がないか（例えば，「遠隔授業は<u>どなた</u>にとっても便利」など） ・同じ語彙・表現が繰り返し使われていないか ・フォーマルな文章にインフォーマルな略語が使われていないか（例えば，「スマホ」など）	
	文末スタイル	文末スタイル（「普通体」あるいは「丁寧体」）が適切に使われ，基本的に統一されているか	
	表記	漢字やカナ ・漢字で書くべき語や，ひらがなにすべき語（「こと」「もの」など）が適切に書かれているか ・使用した漢字やかなの使い方が統一されているか 句読点（、。）・符号（「　」や（　）など）が適切に，かつ統一して使われているか 数字（一，二，三と1，2，3）や西暦と元号などが適切に，かつ統一して使われているか	

上の評価点を参考に，良かった点を最低３つ，改善点や足りない点を最低３つ挙げましょう。

良かった点	改善すべき点・どう修正したらいいか／ 足りない点・何を付け加えればいいか

チェックリスト 書き手用	書き手：学籍番号 ＿＿＿＿＿＿＿＿　名前 ＿＿＿＿＿＿＿＿＿＿＿＿
	読み手：学籍番号 ＿＿＿＿＿＿＿＿　名前 ＿＿＿＿＿＿＿＿＿＿＿＿

ライティングの設定を記入しましょう。

・誰に向かって（読み手）：	・何を（内容＝メイン・アイディア）：
・どのモードを使って（主要モード・タイプ）：	・どのような場で（レジスター）：

評価項目について○・△・×でチェックしましょう。

A 読み手	配慮	読み手を意識して書かれているか（例えば，大学新聞に投稿するという課題では，その読者など） 読み手に対する配慮があるか（例えば，読み手にないと思われる文化的背景を説明するなど）	
	面白さ	読み手にとって興味深いか： ・創造性，オリジナリティ，新鮮さなどがあるか ・読んでいて，引き込まれるか	
B 内容	メイン・アイディア	メイン・アイディア（一番言いたいこと）が明確か： ・文章全体を通して一貫性があるか ・妥当性（正確さも含む），説得力があるか	
	トピック・センテンス	トピック・センテンスの内容が適切で明確か トピック・センテンスの位置が適切か（本論ではパラグラフの冒頭付近）	
	サポート	メイン・アイディアやトピック・センテンスが適切にサポートされているか： ・理由，例，説明，データなどが適切で（正確さも含む），客観性，説得力があるか	
C モード	モード・タイプの選択	適切なモードが選ばれているか： ・ナラティブ／描写／説明（手順・過程，定義，分類・例示，比較・対照，原因・結果）／論証	
	モード・タイプの展開	選んだモードに合った展開がなされているか（D「構成」とも関係）： ・比較・対照：block style と point-by-point style など	
D 構成・ 結束性	文章全体の構成 （マクロ構成）	マクロ構成が明確か： ・「序論」（Introduction）と「本論」（Body）と「結論」（Conclusion）に相当する部分があるか ・上記3つのバランスがとれているか（目安として，1：3〜5：1） ・文章全体が論理的・意味的につながっているか ・序論と結論が呼応しているか（メイン・アイディアが「結論」で再度言及されているか） ・「予告のメタ言語」（「まず」，「次には〜について述べる」など）や「まとめのメタ言語」（「以上述べたように」，「以上，〜について述べた」など）が効果的に使われているか	
	パラグラフ間	パラグラフとパラグラフのつながりがスムーズか： ・パラグラフとパラグラフをつなぐ「メタ言語」（「まず」「次に」「以上のように」など）が効果的に使われているか ・パラグラフとパラグラフをつなぐ「メタ言語」がなくても，パラグラフが自然につながっているか ・指示語（「この，その，これ，それ，これら，それら」）が効果的に使われているか ・指示語の指している対象が明確か	

	パラグラフ内（ミクロ構成）	パラグラフが1文で終わることなく，2文以上で構成されているか（特に序論や結論） パラグラフ内の文と文のつながりがスムーズか： ・文と文をつなぐ接続表現（「たとえば」「しかし」「したがって」「特に」など）が効果的に使われているか ・指示語（「この，その，これ，それ，これら，それら」）が効果的に使われているか ・指示語の指している対象が明確か	
E 日本語 a 正確さ	文法	文法が正確か： ・助詞の使用，動詞・助動詞・形容詞・形容動詞の活用形が正確か	
	文型・構文	文が正確に組み立てられているか： ・複文の主節と従節の関係や呼応関係（「なぜなら，…からである」など）が正確か ・文がねじれていないか：自動詞・他動詞の間違い（例えば，「鎖国は江戸時代初期に始めた」など），受身と格助詞（例えば，「この法律は○○省によって制定した」など）	
	語彙・表現	語彙・表現が正確か	
	表記	表記（漢字・ひらがな・カタカナなど）が正確か 誤字・脱字・漢字の変換ミスがないか	
E 日本語 b 適切さ （レジスター）	文型・構文	単文の羅列や同じ文型の繰り返しではなく，バラエティー豊かな文型が使われているか 日本語らしい構文が使われているか 文の長さが適切で，読みやすいか 意味が複数に解釈できる多義文になっていないか	
	語彙・表現	語彙・表現が適切に使われているか ・「話しことば」と「書きことば」の区別ができているか（例えば，「A氏が述べてるように…」など） ・標準語で書かれているか（例えば，「簡単に調べれる」など） ・不適切な敬意表現がないか（例えば，「遠隔授業はどなたにとっても便利」など） ・同じ語彙・表現が繰り返し使われていないか ・フォーマルな文章にインフォーマルな略語が使われていないか（例えば，「スマホ」など）	
	文末スタイル	文末スタイル（「普通体」あるいは「丁寧体」）が適切に使われ，基本的に統一されているか	
	表記	漢字やカナ ・漢字で書くべき語や，ひらがなにすべき語（「こと」「もの」など）が適切に書かれているか ・使用した漢字やかなの使い方が統一されているか 句読点（，。）・符号（「　」や（　）など）が適切に，かつ統一して使われているか 数字（一，二，三と1，2，3）や西暦と元号などが適切に，かつ統一して使われているか	

上の評価点を参考に，良かった点を最低3つ，改善点や足りない点を最低3つ挙げましょう。

良かった点	改善すべき点・どう修正したらいいか／ 足りない点・何を付け加えればいいか

引用・参考文献

はしがき

田中真理・坪根由香里（2011）「第二言語としての日本語小論文における good writing 評価―そのプロセスと決定要因―」『社会言語科学』14 巻 1 号, 210-222.

PART I

澤田昭夫（1977）『論文の書き方』講談社

澤田昭夫（1983）『論文のレトリック』講談社

Bailey, E. P., & Powell, P. A. (2008). *The practical writer* (9th ed.). Boston, MA: Wadsworth.

Halliday, M. A. K., & Hasan, R. (1976). *Cohesion in English*, Essex, England: Longman.

Hinds, J. (1987). Reader versus writer responsibility: A new typology. In U. Connor, & R. B. Kaplan (Eds.), *Writing across languages: Analysis of L2 text* (pp. 141-152). Reading, MA: Addison-Wesley Publishing Company.

PART II
Lesson 1　ナラティブ

杉田由仁，キャラカー・リチャード（2008）『Primary Course on Paragraph Writing パラグラフ・ライティング基礎演習』成美堂

田地野彰，ティム・スチュワート，デビッド・ダルスキー（2010）『Writing for Academic Purposes 英作文を卒業して英語論文を書く』ひつじ書房

名古屋外国語大学マスコミ業界研究グループ（2011）『名外大マス研新聞』第 3 号（改変）

Lesson 2　描写

上村妙子・大井恭子（2004）『英語論文・レポートの書き方』研究社

三森ゆりか（2007）「大学生のための言語力トレーニング」『言語』36 巻 1 号～12 号　大修館書店

Lesson 3-1　手順・過程

なし

Lesson 3-2　定義

『朝日新聞』「豪華，岐阜のモーニング」2012 年 1 月 15 日朝刊 35 面 岐阜全県

中島和子編著(2010)『マルチリンガル教育への招待　言語資源としての外国人・日本人年少者』ひつじ書房

Lesson 3-3　分類・例示

日本ソムリエ協会(2012)『ソムリエ・ワインアドバイザー・ワインエキスパート　日本ソムリエ協会 教本 2012』飛鳥出版

Lesson 3-4　比較・対照

Bailey, E. P., & Powell, P. A. (2008)　前出

Lesson 3-5　原因・結果

なし

Lesson 4　論証

なし

PART Ⅲ

石黒圭(2012)『この 1 冊できちんと書ける！論文・レポートの基本』日本実業出版社

桑田てるみ(2011)『5 ステップで情報整理！問題解決スキルノート』明治書院

佐渡島紗織・吉野亜矢子(2008)『これから研究を書くひとのためのガイドブック　ライティングの挑戦 15 週間』ひつじ書房

白井利明・高橋一郎(2008)『よくわかる卒論の書き方』ミネルヴァ書房

二通信子・大島弥生・佐藤勢紀子・因京子・山本富美子(2009)『留学生と日本人学生のためのレポート・論文表現ハンドブック』東京大学出版会

福嶋健伸・橋本修・安部朋世(2009)『大学生のための日本語表現トレーニング　実践編』三省堂

細川英雄・舘岡洋子・小林ミナ編著(2011)『プロセスで学ぶ　レポート・ライティング―アイデアから完成まで―』朝倉書店

山田剛史・林創(2011)『大学生のためのリサーチリテラシー入門―研究のための 8 つの力―』ミネルヴァ書房

Bailey, E. P., & Powell, P. A. (2008).　前出

Eisenberg, M. B., & Berkowitz, R. E. (1999). *Teaching information & technology skills: the big6 in elementary school.* Worthington, Ohio: Linworth Publishing.

その他の参考文献

大島弥生・池田玲子・大場理恵子・加納なおみ・高橋淑郎・岩田夏穂(2005)『ピアで学ぶ大学生の日本語表現―プロセス重視のレポート作成―』ひつじ書房

大竹秀一(2005)『だれも教えなかったレポート・論文書き分け術』エスシーシー

門田修平(監修・著)・氏木道人・伊藤佳世子(2006)『決定版　英語エッセイ・ライティング』コスモピア

木南法子(2008)『論理的で正しい日本語を使うための技術とトレーニング』ベレ出版

木下是雄(1990)『レポートの組み立て方』筑摩書房

三森ゆりか(2003)『外国語を身につけるための日本語レッスン』白水社

田中真理・長坂朱美(2006)「評価基準 A: トレイト別・基準説明」<https://goodwriting.jp/wp/page-66/documents>（参照 2018-3-28）

戸田山和久(2002)『論文の教室　レポートから卒論まで』日本放送出版協会

山本富美子編著(2007)『留学生・日本人学生のための日本語表現練習ノート　国境を越えて[タスク編]』新曜社

Oshima, A. & Hogue, A. (2007). *Introduction to academic writing* (3rd ed.). New York: Pearson Education.

あとがき

　本書では，good writing とは何かというところから話を始めて，モード別・タイプ別に，文章構成を意識しながら，読み手や書く目的に配慮して文章を書くという練習をしてきました。手応えを感じてもらえたでしょうか。

　私(阿部)は大学で日本人学生を対象としたライティング指導を行っています。私の授業では，文章の執筆方法について私が説明する時間ももちろん沢山ありますが，受講者同士で自分たちが執筆した文章を読み合い，彼ら自身でコメントを出し合い，修正していくという作業も行っています。学生がめきめきと変化を見せるのはこの作業の時です。仲間が書いた文章のテクニックに刺激を受けて，自分もその手法や表現を取り入れる学生がいたり，多くの文章を読むことで感覚が研ぎすまされて，どうやったら文章が良くなるかとても鋭い指摘をするようになる学生がいたりします。みんなで協力して書き，修正していくことで，一人一人の力が互いに影響し合い，何倍もの結果を生む様子は，本当に素晴らしいものだと感じます。

　本書は，日本語学習者である留学生による日本語のライティングの評価について長らく指導・研究してきた田中と，大学で日本人学生を対象としたライティング指導を行っている阿部とで執筆しました。PART I は主に田中が，PART III は主に阿部が，PART II と IV は共同で担当しました。この執筆の作業も，協力して書き上げたという点ではライティングの授業の学生たちと同じことをやっていたのだと，今振り返ると思います。書いてコメントを出し合い，修正してまたコメントを出し合い，というようにして書き上げました。このような作業が素晴らしい成果を生むことに気づかせてくれた学生の皆さんに感謝申し上げるとともに，なんとかこの成果が皆さんにも届くことを祈っています。

(阿部)

　本書を書き上げたのは私たち二人だけではありません。本書のキーワードでもある「レトリカル・モード」を私(田中)に最初に教えてくださったのは在外研究先の Paul Kei Matsuda さん(2003 年当時 University of New Hampshire，現 Arizona State University)でした。そして，その縁で知り合った英語教育の長阪朱美さん(当時恵泉女学園大学)と一緒に日本語の good writing 研究を始めました。Good writing 研究の背後には，ライティング研究で知り合った多くの方々と，田中の以前の勤務先の留学

生や二人の勤務先であった名古屋外国語大学の日本人学生の存在があります。学生のみなさんは，本書のために多くのライティング・サンプルを提供してくれました。そのサンプルを見ながら，文章の構成や表現について考えました。こちらが期待しているようなモードが文章に出ない場合には，何度もプロンプトを作り直したりもしました。そのような作業を通して，私たちもまたライティングについて多くのことを考えることができたと思います。多くの人たちの協力の上に本書が出来上がったこと，あらためてお礼を申し上げます。ありがとうございました。

（田中）

　本書で学習したライティングを，皆さんがこれから多くの場で利用し，応用してもらえることを願っています。うまく書けるようになってきたという人も，まだまだ書くのは苦手という人も，これからもたくさんの文章を書き，それを多くの人に見てもらって，よりブラッシュアップしていってください。そして，これからは，ライティングをより楽しんでもらえたらと思っています。本書がその一助になるなら幸いです。
　最後になりましたが，本書執筆の機会を作ってくださり，執筆中も常に励ましてくださった，くろしお出版の池上達昭氏にもお礼申し上げます。

2014 年 3 月
著者

本書の完成までの good writing 研究には，以下の日本学術振興会の科学研究費補助金の助成を受けました。

(1) 基盤研究(C)16520321，平成 16-18 年度「第二言語によるライティングについての基礎研究：Good writing とは何か」田中真理（代表）

(2) 基盤研究(C)19520448，平成 19-21 年度「第二言語としての日本語ライティング評価：Good writing のさらなる追求」田中真理（代表）

(3) 基盤研究(C)22520542，平成 22-24 年度「日本語の good writing：第 2 言語と第 1 言語による比較」田中真理（代表）

見出し一覧　　　*Index*

はしがき：Good writing とは何でしょうか？ ……………………………………… *5*
本書をお使いになる先生方へ ………………………………………… *7*
　本書の対象者
　全体の構成
　本書の標準的な使用方法
　本書の発展的な使用方法
この本で勉強すること ………………………………………… *10*

PART I　イントロダクション：Good writing を目指そう　　　*11*

Lesson 1　Good writing に必要なこと　　　*12*

1. ライティングの設定 ………………………………………………………… *12*
2. 「誰に向かって」(**A：Writer responsibility**) ……………………………… *13*
　読み手の想定
　読み手への配慮
　読み手にとって興味深いか
3. 「何を」(**B：内容**) ………………………………………………………… *15*
　文章全体のメイン・アイディア
　パラグラフのトピック
　パラグラフのサポート
　一貫性
　内容の前提になるもの（「知識」と「知識をまとめる方法」）
4. 「どのモードを使って」(**C：モード**) …………………………………… *16*
　文章の種類についての知識
5. 「どのような流れで」(**D：構成・結束性**) ……………………………… *16*
　文章の構成についての知識
　結束性
6. 「言語面」(**E：言語面**) …………………………………………………… *18*
　a.「基本的な言語能力」（正確さ）
　b.「レジスター」（適切さ＝どのような場で（どこに））

7. ライティングのプロセス ··· *19*
 評価基準
 TRY! ❶

Lesson 2　文章の種類と目的 *21*

1. 文章の種類 ··· *21*
2. レトリカル・モード（**Rhetorical mode**）································ *22*
3. 文章の目的とモード ·· *22*
 TRY! ❷

Lesson 3　文章の構成 *26*

1. パラグラフ（**Paragraph**）内構成：ミクロ構成 ························· *26*
 パラグラフとは
 パラグラフの構成
2. トピック・センテンス（**Topic sentence**）····································· *28*
 トピック・センテンスとは
 トピック・センテンスの書き方
3. サポーティング・センテンス（**Supporting sentences**）········· *28*
4. コンクルーディング・センテンス（**Concluding sentence**）······ *29*
5. 文章全体の構成：マクロ構成 ··· *29*
6. メタ言語 ··· *31*
CHALLENGE! *34*
Passport to the PART II ··· *35*

PART II　パラグラフ・ライティング：文章の種類と構成を意識しよう *37*

Lesson 1　ナラティブ *38*
 「ナラティブ」とは

Lesson 1-1　客観的報告のナラティブ *39*

1.「客観的報告のナラティブ」とは ··· *39*
2.「客観的報告のナラティブ」の分析 ·· *40*
 マクロ構成
 ミクロ構成
3.「ナラティブ」の表現 ··· *41*
 時間の流れを示す表現
 過去形
 モダリティ表現
CHALLENGE! *42*

Lesson 1-2　自分について語るナラティブ	*43*
1.「自分について語るナラティブ」とは ………………………………………	*43*
2.「自分について語るナラティブ」の分析 ………………………………………	*43*
3.「ナラティブ」の表現 ………………………………………………………	*46*
時間を示す表現	
モダリティ表現	
CHALLENGE! ………………………………………………………………	*47*
Lesson 2　描写	*50*
「描写」とは	
Lesson 2-1　客観的描写	*52*
1. 地図の描写 ………………………………………………………………	*52*
2. グラフの描写 ……………………………………………………………	*53*
マクロ構成	
ミクロ構成	
CHALLENGE! ………………………………………………………………	*56*
Lesson 2-2　心情を重ねた情景描写	*58*
マクロ構成	
CHALLENGE! ………………………………………………………………	*60*
Lesson 3　説明	*61*
Lesson 3-1　手順・過程	*61*
1.「手順」とは ………………………………………………………………	*61*
2.「手順」の分析 ……………………………………………………………	*62*
Twitter 登録手続き	
実習校への行き方	
CHALLENGE! ………………………………………………………………	*69*
Lesson 3-2　定義	*70*
1.「定義」とは ………………………………………………………………	*70*
「シャンパン」とは？	
2. 一文定義 …………………………………………………………………	*71*
TRY! ❶	
3. 定義文 ……………………………………………………………………	*72*
物事の定義	
レジスター	
概念の定義	
TRY! ❷	
CHALLENGE! ………………………………………………………………	*79*

186

Lesson 3-3　分類・例示　　*80*

1. 「分類・例示」とは　　*80*
   分類
   例示
   分類の基準と目的
   TRY!

2. 「分類・例示」の分析　　*84*
   構成とメタ言語1
   接続表現
   構成とメタ言語2

CHALLENGE!　　*90*

Lesson 3-4　比較・対照　　*91*

1. 「比較・対照」とは　　*91*
   「比較・対照」の基本構成

2. 「比較・対照」の分析：基本　　*93*
   メタ言語
   「比較・対照」の表現

3. 「比較・対照」の分析：応用　　*98*

CHALLENGE!　　*100*

Lesson 3-5　原因・結果　　*101*

1. 「原因・結果」とは　　*101*

2. 「原因・結果」の分析：基本　　*102*
   構成とメタ言語1
   TRY! ❶
   本論（原因・結果）の分析1
   構成とメタ言語2
   TRY! ❷
   本論（原因・結果）の分析2
   レジスター

CHALLENGE! ❶　　*110*

3. 「原因・結果」の分析：応用　　*111*
   マクロ構成

CHALLENGE! ❷　　*113*

187

Lesson 4　論証　　　　　　　　　　　　　　　　　　　　　　　　　　　　115

1.「論証」とは ······················ 115

2. 意見文 ······················ 115
　　構成とメタ言語
　　トピック・センテンス
　　TRY!
　　サポーティング・センテンス

CHALLENGE! ❶ ······················ 118

3. 問題解決文 ······················ 120
　　構成とメタ言語

CHALLENGE! ❷ ······················ 123

Passport to the PART III ······················ 124

PART III　ミックス・モードのパラグラフ・ライティング： リサーチして書いてみよう　　　　　　　　　　　125

Lesson 1　リサーチペーパーとは　　　　　　　　　　　　　　　　　　　　　126
　　リサーチペーパーの構成
　　リサーチペーパー作成手順

Lesson 2　発想法　　　　　　　　　　　　　　　　　　　　　　　　　　　129

1. テーマ候補選び ······················ 129

2. テーマの決定 ······················ 131

Lesson 3　情報収集　　　　　　　　　　　　　　　　　　　　　　　　　　134

1. 情報源の種類 ······················ 134

2. 情報源へのアクセス ······················ 137

3. 情報の整理 ······················ 139

Lesson 4　アウトラインから執筆へ　　　　　　　　　　　　　　　　　　142

1. アウトラインとして5文程度のパラグラフを書く ······················ 142

2. サポーティング・センテンスを増やす ······················ 143
　　内容を充実させる
　　トピック・センテンスで示した内容を文章の途中で繰り返す
　　パラグラフの分割

3. 序論と結論を膨らませる *147*
    序論
    結論

4. 文章中にメタ言語入れる *149*
    予告のメタ言語の例
    まとめのメタ言語の例

Lesson 5　執筆・推敲から完成へ　　　　　　　　　　　　　*151*

1. 引用の仕方 *151*
    直接引用
    間接引用
    引用元の表示
    孫引き

2. 参考文献リスト *154*

3. 注の書き方 *156*

4. 推敲のチェックポイント *157*

Lesson 6　実際の執筆　　　　　　　　　　　　　　　　　　*159*

ワークシート *160*

PART IV　資料　　　　　　　　　　　　　　　　　　　　　*167*

プロンプトの一覧表 *168*
Good writing のための評価基準：トレイト別・基準説明 *172*
チェックリスト読み手用 *174*
チェックリスト書き手用 *176*

引用・参考文献 *179*
あとがき *182*
見出し一覧 *184*

Good writing の構成要素 .... 巻末
Good writing のための評価基準：トレイト別・基準説明 .... 巻末

[著者紹介]

田中 真理（たなか・まり）

国際基督教大学大学院比較文化研究科博士前期課程修了。博士（学術）（2001年）。
国際基督教大学教養学部講師，電気通信大学国際交流推進センター助教授，
名古屋外国語大学外国語学部・大学院国際コミュニケーション研究科教授を経て，
現在，名古屋外国語大学名誉教授。
専門は，日本語教育（第二言語としてのライティング，第二言語習得）

著書に，『フィードバック研究への招待―第二言語習得とフィードバック』（大関浩美他共著，くろしお出版，2015）。論文に，「ライティング評価の限界といいとこ取り」（鎌田修監修代表『日本語プロフィシェンシー研究の広がり』ひつじ書房，2022），「パフォーマンス評価はなぜばらつくのか？―アカデミック・ライティング評価における評価者の「型」」（宇佐美洋編『「評価」を持って街にs出よう―「教えたこと・学んだことの評価」という発想を超えて』くろしお出版，2016），「第二言語としての日本語小論文評価における「いい内容」「いい構成」を探る―評価観の共通点・相違点から―」（共著，『社会言語科学』18(1)，2015，第16回 徳川宗賢賞 優秀賞 受賞），「第二言語としての日本語小論文における good writing 評価―そのプロセスと決定要因―」（共著，『社会言語科学』14(1)，2011），「ライティング評価の一致はなぜ難しいか―人間の介在するアセスメント」（共著，『社会言語科学』12(1)，2009），「第二言語としての日本語ライティング評価基準とその作成過程」（共著，国立国語研究所（編）『世界の言語テスト』くろしお出版，2006），「学習者の習得を考慮した日本語教育文法」（野田尚史（編）『コミュニケーションのための日本語教育文法』くろしお出版，2005），「日本語の「視点」の習得：英語，韓国語，中国語，インドネシア語・マレー語話者を対象に」『言語学と日本語教育 III』くろしお出版，2004），などがある。

阿部 新（あべ・しん）

東京外国語大学大学院地域文化研究科博士後期課程単位取得満期退学。博士（学術）（2005年）。
マドリード・アウトノマ大学文学部客員講師，
名古屋外国語大学外国語学部専任講師，准教授を経て，
現在，東京外国語大学大学院国際日本学研究院准教授。
専門は，日本語教育学

著書に，『第二言語学習の心理』（共著，くろしお出版，2022）などがある。論文に，「中国の大学における日本語専攻の学生と教員が抱くライティング学習と教育に関するビリーフ―学生と教員の違いを中心に―」（共著）『多文化社会と留学生交流：大阪大学国際教育交流センター研究論集』26，2022），「グループによるライティング評価における個人評価点の統一パターン」（共著）（宇佐美洋編『「評価」を持って街に出よう―「教えたこと・学んだことの評価」という発想を超えて』くろしお出版，2016），「世界各地の日本語学習者の文法学習・語彙学習についてのビリーフ―ノンネイティブ日本語教師・日本人大学生・日本人教師と比較して―」『国立国語研究所論集』8，2014），などがある。

Good Writing へのパスポート
読み手と構成を意識した日本語ライティング

著者 ▶ 田中真理・阿部新
©Mari TANAKA, Shin ABE, 2014

発行日 ▶ 2014年 6月15日　第1刷発行
　　　　2023年 1月31日　第3刷発行

発行所 ▶ 岡野 秀夫
発行所 ▶ 株式会社くろしお出版
　　　　〒102-0084
　　　　東京都千代田区二番町4-3
　　　　Tel. 03-6261-2867　E-mail: kurosio@9640.jp

印刷所 ▶ 三秀舎　　装丁・レイアウト ▶ 大坪佳正

ISBN ▶ 978-4-87424-618-4 C1000　Printed in Japan

読み手　　　　　書き手

A: Writer Responsibility

● 書き手による読み手の設定
　・読み手に対する配慮
　・読み手にとって興味深いか
　　（オリジナリティ）

E: 言語面

a. 基本的な言語能力（正確さ）
　・文法
　・語彙・表現・表記・漢字
　・構文（効果的で多様な構文など）

b. レジスター（適切さ）
　（その場にふさわしい表現形式,
　文体など）

	パラグラフ内（ミクロ構成）	構成	パラグラフが1文で終わることなく，2文以上で構成されているか（特に序論や結論）	
		結束性	パラグラフ内の文と文のつながりがスムーズか：	・「接続表現」「指示語」の効果的な使用は，結束性を高めるための手段の1つである
		接続表現	・文と文をつなぐ接続表現（「たとえば」「しかし」「したがって」「特に」など）が効果的に使われているか	
		指示語	・指示語（「この，その，これ，それ，これら，それら」）が効果的に使われているか ・指示語の指している対象が明確か	
E 日本語（言語面）	a 正確さ	文法	文法が正確か： ・助詞の使用，動詞・助動詞・形容詞・形容動詞の活用形が正確か	・ねじれ文は，主語と述語の位置が離れた場合に起こりやすい。適切な長さの文にする工夫が必要である
		文型・構文	文が正確に組み立てられているか： ・複文の主節と従節の関係や呼応関係（「なぜなら，…からである」など）が正確か ・文がねじれていないか：自動詞・他動詞の間違い（例えば，「鎖国は江戸時代初期に始めた」など），受身と格助詞（例えば，「この法律は○○省によって制定した」など）	
		語彙・表現	語彙・表現が正確か	
		表記	表記（漢字・ひらがな・カタカナなど）が正確か 誤字・脱字・漢字の変換ミスがないか	
	b 適切さ（レジスター）	文型・構文	単文の羅列や同じ文型の繰り返しではなく，バラエティー豊かな文型が使われているか 日本語らしい構文が使われているか 文の長さが適切で，読みやすいか 意味が複数に解釈できる多義文になっていないか	・「レジスター」とは，話し手や書き手が場面や相手によって使い分ける表現やスタイルなどを指す
		語彙・表現	語彙・表現が適切に使われているか： ・「話しことば」と「書きことば」の区別ができているか（例えば，「A氏が述べてるように…」など） ・標準語で書かれているか（例えば，「簡単に調べれる」など） ・不適切な敬意表現がないか（例えば，「遠隔授業はどなたにとっても便利」など） ・同じ語彙・表現が繰り返し使われていないか ・フォーマルな文章にインフォーマルな略語が使われていないか（例えば，「スマホ」など）	
		文末スタイル	文末スタイル（「普通体」あるいは「丁寧体」）が適切に使われ，基本的に統一されているか	
		表記	漢字やカナ： ・漢字で書くべき語や，ひらがなにすべき語（「こと」「もの」など）が適切に書かれているか ・使用した漢字やかなの使い方が統一されているか 句読点（，。）・符号（「　」や（　）など）が適切に，かつ統一して使われているか 数字（一，二，三と1，2，3）や西暦と元号などが適切に，かつ統一して使われているか	

・田中真理・阿部新（2013年6月作成）（参考：田中真理・長阪朱美（2006））